国家出版基金项目
NATIONAL PUBLICATION FOUNDATION

中华吉祥文化丛书

商贸卷

刘德龙 主编
马继云 著

泰山出版社 · 济南 ·

图书在版编目（CIP）数据

中华吉祥文化丛书. 商贸卷 / 刘德龙主编；马继云著. --
济南：泰山出版社，2020. 3
ISBN 978-7-5519-0553-4

Ⅰ. ①中… Ⅱ. ①刘… ②马… Ⅲ. ①中华文化—通俗读物 ②商业文化—中国—通俗读物 Ⅳ. ① K203-49 ② F72-49

中国版本图书馆 CIP 数据核字 (2020) 第 013373 号

ZHONGHUA JIXIANG WENHUA CONGSHU　SHANGMAO JUAN

中华吉祥文化丛书　商贸卷

策　　划　葛玉莹
主　　编　刘德龙
著　　者　马继云
责任编辑　程　强　赵　雨
装帧设计　路渊源

出版发行　泰山出版社
社　　址　济南市泺源大街2号　邮编　250014
电　　话　综　合　部（0531）82023579　82022566
市场营销部（0531）82025510　82020455
网　　址　www.tscbs.com
电子信箱　tscbs@sohu.com
印　　刷　东港股份有限公司
开　　本　170 毫米 × 240 毫米　16开
印　　张　11
字　　数　220 千字
版　　次　2020 年 3 月第 1 版
印　　次　2020 年 3 月第 1 次印刷
标准书号　ISBN 978-7-5519-0553-4
定　　价　50.00 元

总　序

吉祥,《说文解字》释曰 :“吉，善也。从士，从口”;“祥，福也。从示，羊声”。此外，吉祥又为梵语，音译作“室利”“师利”“尸利”，又称为“吉羊”，如吉祥果、吉祥草、吉祥物等，多用于释家。后来，它与中华民族向善向好的美好生活追求相融合，形成了别具特色的中华民族吉祥文化。

吉祥文化在我国影响很大，它深深融入民众生活，不但形成了多姿多彩的吉祥民俗事象，深刻影响着民众的生活、思维、心理、精神，还形成了大量的吉祥语言，丰富了我国各民族的传统文化。

一、吉祥文化的产生

在我国各民族丰富多彩的生产生活实践活动中，在我国历代文化典籍中，都留下了大量的吉祥语言和吉祥事象，成为我国众多民族文化遗产中别具民族特色的一朵奇葩。

吉祥文化是在民众丰富多彩的生产生活中产生、传播和使用的，表达了民众对美好幸福的追求和探索,也体现了民众趋利避害的心理。例如，在农业习俗中，农家以立春作为一年农作的开始，在立春这天，过去有鞭春牛的习俗，现在的习俗则是集体“出行”，放鞭炮，并象征性地刨一刨土，说一套吉利话 :“一刨金、二刨银、三刨刨了个聚宝盆。”在商业习俗中，开业时往往张贴“金日开业”“开门大吉”等吉利语。

我国春秋时期已经有“万寿无疆”“天子万寿”“南山之寿”等吉祥语的记载。那时的典籍《易经》更被认为是中华吉祥文化集大成者，也是中华吉祥文化的重要源头。它通过测算、预测，再配合某些方法避害趋利。例如关于数字,《易经》中就将其分为吉祥运暗示数、次吉祥运暗示数、凶数运暗示数、首领运暗示数、财富运暗示数、艺能运暗示数、女德运暗示数、女性孤寡运暗示数、孤独运暗示数、刚情运暗示数、温和运暗示数等多种。《易经》认为,"一"最大最吉祥,是"太极";"三"最佳,象征天地人融洽相处;"八"象征八卦;"五""九"为九五之尊。"见龙在田"就是吉象,象征有可能遇见贵人,得到重用,走出徒有其志的困境。吉、利、永、贞、元、亨等字,也成为我国吉祥文化中最有典型吉祥意义的表述。

吉祥文化体现的心理和意识,来源于原始信仰。吉祥文化产生于古人对生活的不安全感。先民对大自然带来的一切灾难,对自身疾病、瘟疫和死亡充满迷惑和畏惧,为了寻找精神庇佑,就产生了万物有灵的观念,并且创造了图腾,用以凝聚力量,表达人们避邪求吉的心理,这就是原始信仰。原始信仰后来演化为复杂的民间信仰,形成对观音、财神、土地城隍及家神、自然神等这些臆想的神,以及神话中的人物,或者所谓的精灵等的信仰。古人把这些信仰的对象当成自己贿赂的对象,通过向它们烧香、磕头、许愿,让它们给自己带来利益,完全把崇拜对象看成是自己的保护神。民间信仰与禁忌十分庞杂,包括自然崇拜、动植物崇拜、神灵崇拜、巫术等,也包括民间原始宗教、道教、佛教,以及民间俗信等内容。

人们还赋予动植物以吉祥的象征。如以麒麟为仁兽,认为龙是中华民族的象征,凤为百鸟之王,龟象征尊贵、安闲、长寿。仙鹤、喜鹊、鸳鸯、鸽子、麋鹿、雄狮、猛虎、牛、马、大象、鲤鱼、蝴蝶、蜘蛛等,都被赋予吉祥美好的含义。而花草树木有花有果实,也能够表示吉祥意义,如梅、竹、松、南瓜、长春花、杞菊、槐、红豆、石榴、橘、佛手、芙蓉等。在生肖中,十二生肖都可以构成大量的吉祥用语,表达丰富美好的情感。又如,在端午节,人们把插艾和菖蒲作为节俗的重要内容之一。家家都洒扫庭除,以菖蒲、艾条插于门楣,悬于堂中。还用菖蒲、艾叶、榴花、蒜头、龙船花,制成人形或虎形,称为"艾人”“艾虎”；制成花环、佩饰，妇人争相佩戴，用以驱瘴。

早在几千年前的《诗经》等文学作品中就已经有了许多美好的词语，丰富了我国吉祥文化的审美宝库。它们通过名言警句、优美的篇章、美好的故事，成为吉祥文化重要的载体和重要的创新平台、传播渠道。

明清时期，我国吉祥文化发展到了高峰，突出表现在剪纸、年画、对联、建筑、陶瓷、玉器、菜名以及刺绣、印花、请安祝颂等事象中和社会交际生活的方方面面。

二、吉祥文化的展现

经过几千年中国传统文化的传承与发展，吉祥文化已经非常繁盛。吉祥文化广泛深刻地融入了大众生活，在节庆活动、衣食住行日常生活中，在语言交际、非语言交际过程中，在生产劳动、商贸往来中，在婚丧嫁娶、庆典仪式中，在宗教信仰、精神世界中，都蕴含着大量的吉祥文化因素。徐华龙先生在其《中国吉祥文化》一文中，将吉祥文化分为物体吉祥、行为吉祥、语言吉祥、文字吉祥和数字吉祥等五类。宁业高先生则在其《中国吉祥文化漫谈》一书中将吉祥文化分为语言文字吉祥、祝词贺语吉祥、人名称号吉祥、地舆政域吉祥、天文生物吉祥、时令人事吉祥、衣食住行吉祥等七类。

大量的吉祥语言、吉祥词语，构成了吉祥文化的主要内容。它包括文明礼貌语言、吉利话、誓语、寿福禄语、诫勉语、祈语、问候语、祝贺语、颂词、口彩语、谐音语、委婉语等，是中华民族吉祥文化的主要载体。例如，道光十七年（1837 年）《临清县志》载，旧时下催妆时男家向女家赠一雄鸡，迎亲时，女家将雄鸡配以雌鸡一同送还，俗称“长命鸡”。在给新人铺床时，要撒栗子、枣、花生于床的四周，并且配上一些口彩乞巧话，如“今年吃了栗子枣，明年生个大胖小儿”；娘家在女儿妆盒内也放些麸子、盐，寓贤惠、有福，也寓“福缘”；在送亲途中，队伍前有撒“大吉”帖的，“大吉”帖用四方红纸书一“吉”字，寓吉日良辰。

祭祀是民众生活中的重大活动。在祭品上，讲究三碗菜、三碗水饺，每碗三个水饺，顺“神三鬼四”之说以表示所敬者为“神”；把用榆树枝扎成的挂满纸钱的树状物叫“摇钱树”；烧祭用的纸叫“黄表”“元宝”“金锞子”；香折了忌说“断”，而说“存”。并且在祭奠时每每都有一套讨口彩的顺口溜，如祭灶时，就说“灶君上天，有啥说啥，多加美言，少说闲话”，或说“上天去，您多言好事；下界来，您广降吉祥”。

交际场合，也有很多吉祥事象。例如，宴席必上鱼。以“鱼”谐“余”，表示虽然宴席要结束了，但幸福、快乐没有完结，仍然有余。新人结婚时，亲戚、邻居多赠送红枣、栗子等吉祥之果。在这里用“枣”谐音“早”，用“栗子”谐音“立子”，借此祝福新郎、新娘早生贵子。新娘下轿后，扬烟、栗子、枣、花生于其全身及院落，寓早生子、多子多孙、烟火绵绵；新娘入洞房前要在一个红杌子上坐坐，叫“坐坐性”，寓让其驯服；新娘迈过门槛时，脚要踏糕和筷子，谐音“高”“快”，讨“步步高、快发财、快生子”的口彩。有的新娘进房后，登床走一圈，象征着踩倒婆婆全家，不受夫权管束；新娘坐定床沿，就要吃“宽心面”，也叫“长汤”，谓不想娘家，面条顺滑，寓顺利；然后吃糕，并且故意煮不熟，主持人问新娘“生不生”，新娘一定要回答“生”；新婚之夜要灯烛长明，叫燃“长命灯”，寓意夫妻白头到老。

几乎所有的民间节庆，均有吉祥事象。如山东大部分地区春节必做年糕、枣山、豆腐。鲁中地区还做“团圆饼”，祈求年年高、全家福。鲁东南地区做“合菜”，用粉丝、胡萝卜丝等凉拌而成，红绿相间鲜美可口，象征和睦。元宵节多以灯卜丰歉，灯节时间为正月十四至十六，十四主麦，十五主谷，十六主豆，“正月十五雪打灯，当年有个好收成”。

“中国古典民居是中国古人生活与社会活动及精神世界的展现，是人居和环境和谐统一思想的体现，也是中国古代吉祥文化和各种吉祥物的体现。”[①]民居通过脊兽、影壁、门枕、墙、门等装饰，巧妙展示了吉祥文化。

房院建设过程中，也有很多吉利话。在选用建房木材时，往往以木材种类名称的谐音讨口彩，如用杏木做门，以求幸福；榆木做梁，以求余粮；松木做叉手，以求长寿。鲁西南地区喜欢用楝木做床，谐音“连子”。在安门窗时，要贴“昨日太公从此过，说是今日好安门”“安门大吉”“安窗大吉”“太公在此”的条幅或横幅。在上梁时要贴“上梁大吉”，以求吉利。梁上拴一红绸，吊一串铜钱，谐“十全”；门两边底石、影壁上刻、画蝙蝠、鹿，或书写“福”“禄”；院内多栽牡丹花、石榴树、槐树，把牡丹花称为“富贵花”，以为“榴开百子”“留子孙”。胶县（今山东省胶州市）有谚“门前一棵槐，不是进宝，就是招财”；滕县（今山东省滕州市）还有吃槐籽的祈子习俗，以求“怀子”。

此外，还有禳解时所用的一套吉利语，有的叫“巧话”，如吃了脏东西，便说“不干不净，吃了没病”；砸碎了器物，便说“旧的不去，新的不来”；钱物受了损失，便说“拿钱买寿，去钱消灾”。有的叫“顺口溜儿”，如杀鸡时，就说“鸡呀鸡，你别怪，你是我的一碗菜；有心不杀你，又怕那客来怪；罢呀罢，还是杀了罢”。有的很长，叫“佛儿”，如老太太抽烟时所唱：“我这个老嬷嬷儿八十八，耳不聋来眼不花，伸手摸起火镰匣儿，吃袋香烟解解乏。大儿做高官，二儿是探花；一对姑娘是灵芝草，一对媳妇是牡丹花。前院里一棵梧桐树，后院里一棵芙蓉花。梧桐树上落凤凰，一辈子一个状元郎，富贵荣华咱是头一家，我念弥陀佛。”

民众还喜欢吉利的数字，如衣扣的数量以单数为吉利，与扣眼合成双；送嫁妆、送粥米的人数喜双，取“成双成对”之意；以三、六、

① 陈燕：《浅析中国古典民居中的吉祥文化对旅游的影响》，《乐山师范学院学报》，2011年第26卷第5期，第78页。

九为吉祥数字，特别崇拜“六”，取“六六大顺”之意；又崇拜“八”，对“五一八”“八八八”等数字趋之若鹜；因为“七上八下”的成语，又崇拜“七”，寓意蒸蒸日上。

三、吉祥文化的表达

吉祥文化来自劳动，是在民众的生产劳动、社会生活、与自然和他人交往的过程中被发明创造、不断丰富、传承使用的。

首先，吉祥文化多用象征表意，即借助于一些常见的事物，表示吉祥的含义。例如春节时贴的对联，两句吉语，一方红纸，表示辞旧迎新，祈福增寿，内容多以耕读世家、万象更新、新春欢乐、福寿康宁、春山绿水、五谷丰登、繁荣昌盛为主。还要在床头贴“身体健康”，灯火处贴“小心烛火”，主屋正墙贴“招财进宝”，橱柜上贴“黄金万两”“鱼肉满橱”“衣服满柜”，院墙上贴“吉星高照”，牲畜栏门上贴“六畜兴旺”，车上贴“日行千里”或“牛行虎步，车动雷声”，门口对面墙、树上贴“出门见喜”，其他小件家具上，一律贴“酉”，谐“有”音，寓富有。除夕夜守岁，济宁曲阜一带要在中庭竖一竹竿，上悬灯笼，谓之“天灯”；济南平阴等地，使灯终夜常明，叫“长明灯”；而德州一带则将一捆谷草竖在天井之中点燃，用东西南北中五个方向代表五谷，谷草侧向何方，代表何处谷物来年丰收，叫“照天庭”“照田蚕”；济南长清则在大门外、村外烧蒿草“照天庭”；潍坊昌乐以“掌庭灯”代之；聊城东阿一带则布灯，陈设灯笼或拉出电灯来“照请”，旧时还烧“避瘟月”。这些活动，都具有一定象征意义。全家除夕吃的过年饭，也具有强烈的象征意义：一般主食是用大米和小米一块蒸的“干饭”或者水饺。菜肴讲究必须有鸡，寓“年年大吉”，有鱼，寓“连年有余”，全家人围坐在一桌，喝团圆酒。新年的第一顿水饺也很有讲究，鲁中一带常常包入花生、枣、栗子、钱币、糖块、麸皮等，祈求早得子、多子多福、人丁兴旺、生活甜蜜、发大财。煮水饺破时，不说“碎”“烂”“破”，而说“挣了”“挣了不少”，有时还故意弄碎几个，以讨口彩。

其次，谐音成趣。甲乙两个词语，甲词语的语音形式与乙词语的语音形式相同或相近，而乙词语又具有吉祥、文雅的意义内容，人们便以两词语语音相同为条件故意造成谐音双关，使两词的意义相沟通，以此喻彼，以求吉利。在此基础上形成某种风俗习惯，有的叫“意头”，有的叫“口彩”。民间春节贴福字，“福”以倒贴为好，讨“福到了”的口彩。为了强调谐音含义，民间还附会了许多故事。例如，贴福字据说是为了躲避姜子牙的老婆“穷神”，倒贴“福”字据说是马皇后为了避免朱元璋乱杀人。传说朱元璋让家家门上都贴“福”字，其中有户人家不识字，竟把“福”字贴倒了。第二天，皇帝上街查看，发现这家把“福”字贴倒了，大怒，命令御林军将这家人抓起来，满门抄斩。马皇后忙对朱元璋说：“这家人知道您今日来访，故意把福字贴倒的，这不是‘福到’的意思吗？”皇帝一听有道理，便下令放人。从此人们便将福字倒贴，一求吉利，二为纪念马皇后。在生育习俗方面，曲阜旧时习俗，女子婚后三年不生者，元宵夜到街上偷灯吃，一般偷刘姓（“刘”谐音“留”，寓意留住孩子）和戴姓（“戴”谐音“带”，寓意怀上孩子）的，民谣曰：“偷刘家的灯，当年吃了当年生；有了女孩叫灯哥，有了男孩叫灯成。”牟平、乳山、文登等地“剩”谐音“圣”，当地群众过春节蒸大饽饽临结束时，总要用剩下的几块小面团（有时干脆就是提前预备下的）捏几条头似龙或蛇、身上有刺的所谓“剩虫”。民间认为，有一种能使衣食剩余的神虫，老百姓用节日剩下的面团蒸“剩虫”，将它放在粮仓、囤子及衣橱里，祈求它会带来五谷丰登、衣食有余的好生活。此以“剩”寓“圣”，跟以“鱼”寓“余”有异曲同工之妙。“剩（圣）虫”是一个较常用的方言词。民间比喻某种东西长时间吃不完、用不完或者取不完，便会说“出来剩虫”了。这一带准备过门或过门不久的新媳妇，最希望穿上婆婆给她做的新棉裤，认为穿上婆家的棉裤，以后的新生活将会粮米成仓成库，吃穿不愁，家业兴旺。而婆婆常乐于满足儿媳这一不高的要求。其实，棉裤事小，讨个吉利事大。以“裤”谐“库”，取其寄托之义。

同样的，甲乙两词语音相同，而乙词语的内容与死亡、灾难等不吉利的意思有关,民间便采取某种方式加以避讳。避讳也是为了吉祥。古时候的渔民在渔业生产中缺乏安全保障，遇风浪造成翻船、死人的事情常有发生。久而久之，渔民们便形成一些求平安、保康宁、图吉利的迷信习俗。为了避开“翻船”的“翻”，甚至也避开与“翻”字相同的音,就称翻身为“划身儿”“划个儿”,称“帆”为“篷”,称“帆船”为“篷船”。为避开“完了”“了了”的说法，打完一船鱼叫“满了”，把酒喝完叫“把酒满出来”，如此等等。每到过年之时，胶东一带就要蒸一种很大的馒头,叫作“大饽饽”。蒸的时候,由于火势很猛,常常使大饽饽裂开口子，当地人叫“笑了”，从不说“裂口子”。笑是人的动作，当地人赋予饽饽“笑”的动作，更增加了喜庆色彩。

再次，还用冠以喜庆吉祥的字、词去称代、比喻事物。如用“喜”冠以生育词语，求子叫“拴喜”，怀孕叫“有喜”“害喜”，生孩子叫“添喜”，并到娘家“报喜”，备“喜蛋”。小孩出生后直到成年之前，又以红色庇佑其无病无灾，健康生长，如戴红肚巾、扎红腰带、钉红衣领子；每年端午节，用红布缝小鸡在帽子或衣袖上，再串上辣椒种，取名“鸡餐豆”，以祈不生水痘。传统的风筝多用人物、走兽、花鸟、器物等形象，或者民间喜闻乐见的神话故事，寓意福寿双全、连年有余、四季平安。

此外，还直接使用唱词，用表演性质的语言，表达吉祥的含义，有的叫“佛歌”，有的叫“巧话”。例如，大年初一敬天地，就有相关的吉祥歌词，供人们念叨：“大年初一天气寒，多拜老天一整年。金香炉，银供桌，两把烧香往上搓。五个供，五个馍，五碗干菜随和着，满堂儿女把头磕。”泰安则有上供歌：“大年五更地里寒，灶王老天整一年，金香炉，玉石桌，五碗供，三盘馍，五碗扁食往上托。先烧元宝后烧纸，大男小女把头磕，南无阿弥陀佛。”

最后，使用禁忌进行禁限，也是吉祥文化的一种表现方式。对于出行，从“父母在，不远游”，到“老不上北，少不上南”“老不入川，少不游广”，就是一种禁忌。旧时人出行忌“黑道日”，即每月的初五、十五、二十五不利出行；而“杨公忌”之日更是禁忌出门，即正月十三、二月十一、三月初九、四月初七、五月初五、六月初三、七月初一、七月二十九、八月二十七、九月二十五、十月二十三、十一月二十一、十二月十九，这些日子忌出行。时至今日，“三六九，向外走；二五八，赶回家”仍是大众的普遍习惯。

四、吉祥文化的传承

几千年来，中华传统吉祥文化随着中华民族优秀传统文化的传承创新，一直展现着鲜活的生命力，展现着我们民族的文化心理、文化渊源、情感方式，展现着伟大中华民族追求幸福、平安的美好愿望。

吉祥文化的传承是全面的。生产生活中节庆、交际、商贸、婚嫁以及姓名等各类吉祥文化都在继承中发展，在传承中创新。

姓名。不只是一个符号，在很大程度上，姓名代表的是父辈对后代的希冀。以前有的人家都会花钱请算命先生测孩子的生辰八字，通过五行（即金、木、水、火、土）的旺衰，预测未来喜忌，再用与五行相应的字命名。

年画。年画、剪纸等民间艺术，传承着吉祥文化。年画是喜庆、吉祥之物，能给新年带来好兆头；剪纸、红灯笼、鞭炮、窗花、福字，现在仍然是过春节的标志，烘托着喜气洋洋的节庆氛围。

中国结。一根线绳缠来绕去，环环相扣呈“八”字形，就叫“八结”，又叫“八吉”，原本是佛教法物的“八吉祥”之一，后成为民众喜欢的挂饰。

纪念币。通过经艺术设计的寿桃、蝙蝠、南瓜、藤蔓、莲花、鲤鱼、鸳鸯、并蒂莲等纹饰、图案、符号，再用借喻、比拟、双关、谐音、象征等手法，以此表现中国人的生命意识、审美情趣和民族性格。中国人民银行发行的2015年吉祥文化金银纪念币一套8枚，其中金币4枚，银币4枚。该套吉祥文化金银纪念币分别表现“五福拱寿”“瓜瓞绵绵”“年年有余”“并蒂同心”四大中华传统吉祥文化，为纪念币增添了一抹浓浓的吉祥色彩。

商标。商标是生产者在其商品或者经营标记上，由文字、图形或两者组合构成的，用于区别商品或者服务来源，具有显著特征的标志。借鉴传统吉祥文化，充分体现民族文化价值和意义的设计理念，用吉祥图案的“形”“意”“色”在商标中的创新再现，实现了形式美、形象美、意味美。[①]

吉祥物。南京举办的中国第十届全运会的吉祥物“金麟”，既是古都“金陵”的谐音，同时也是传统吉祥物麒麟。2008年北京奥运会的会徽采用的是中国印，使用了吉祥色中国红。而2008年奥运会的吉祥物福娃系列更是传统吉祥符号的生动体现。

为了系统展现和传播中华吉祥文化，我们民俗学会的几位同仁从十年前便召开了一系列的吉祥文化研讨会，例如枣庄石榴与吉祥文化研讨会、聊城葫芦与吉祥文化研讨会，开始酝酿研究各类吉祥文化事象，提出了大约十几个选题，准备出版一套有关吉祥文化研究与普及的小丛书，并开始撰写各个选题的初稿。由于同仁工作变动等原因，原定的十几个选题，至今只陆续完成了九部，分别为语言卷、文字卷、服饰卷、饮食卷、商贸卷、民间艺术卷、民间信仰卷、动物卷、人生礼仪卷。

由于吉祥文化研究的融合度大，学术的边际范畴划分模糊，广义

---

① 参见陈苹：《论中国吉祥文化在商标设计中的运用与创新》，硕士学位论文，苏州大学，2007。

概念很大，狭义概念难以明确，所以，在写作过程中，我们确定了一些原则，首先，必须是吉祥事象、吉祥含义、吉祥语言，不论是哪一卷，所描述、叙写、论述的内容，必须具有吉祥的意义，以示与其他文化的区别。其次，对于相同的吉祥文化载体，按照各卷角度的不同，进行叙述和描写，各卷之间相互独立，单独成书。

还有一点需要说明：在语言风格、叙述描写、论述评价等方面，我们没有强求一致，体例上只划分了一级、二级标题，制订了一些写作规范要求，以便于各位作者能够呈现出各自的风采。

习近平总书记提出了“文化自信”这个宏大而坚定的命题，这给中华优秀传统文化研究和普及带来了又一个春天。泰山出版社高度重视这个选题，积极组织、多次协调，保证了这套书的出版。各位作者对原稿又加大了修改力度，最终使书稿定型为现在的这个样子。张廷兴、王加华两位教授统筹书稿，反复审阅，付出了心血。在此，我作为主编，对他们表示真诚的感谢。盼望本丛书能给读者带来对中华吉祥文化较为系统和感性的认知，一起弘扬中华民族的优秀传统文化。

是为序。

刘德龙

2018 年 5 月 30 日

目　录

前 言

吉者，福善之事；祥者，嘉庆之徵。

——《庄子·人间世》成玄英　疏

人之本性在于趋利避害，追求幸福和美好。

然而对一个个体来说，要想完全避开人世间的丑恶与弊害，一生过得舒适而愉悦，几乎是不可能的。因为人世间诸事纷扰，且复杂多变，即使你费尽心思、小心翼翼，总会有些无法避开之事。与此同时，人的欲望是无穷无尽的，对舒适与愉悦的理解也会与时俱进，因此心中的幸福与美好总像镜花水月一般，似在眼前却总是可望而不可即。于是，人们不屈不挠地奋斗，充满信心地憧憬，他们希望天地神灵护佑，吉祥如意伴随，有关吉祥的诸多习俗成规就此出现。

对中国传统的商人而言，他们对吉祥的祈愿远比其他行业的人更为强烈。中国的商贸活动及商人出现极早。大约在距今 5000 多年前的原始社会末期，古老的中国就已经出现了简单的物物交换，而作为三皇五帝之一的舜帝，则堪称中国历史上最早的商人之一①。然而纵观中国历史的发展进程，商人的社会地位在不同历史时期可谓时起时伏，尤其是持续了 2000 多年的重农抑商政策，更使商人饱经沧桑困苦。古代专制王朝对商人从政治上“抑”、从经济上“困”、从人格上“辱”、从伦理上“贱”，这使得中国古代的工商业者对吉祥平安比其他普通老百姓有着更多的追求。

商人内心的不安并非全然来自古代社会的歧视，更多的来自职业

① 据《史记·五帝本纪》载，舜帝曾经“作什器于寿丘，就时于负夏”。寿丘与负夏都是古地名，“什器”指的是用于买卖的各种物品，“就时”则是抓住合适的时机买卖营利的意思。

本身。纵观古今，做人不易，为商更难。商人要熟悉经营所到之地的风土、物产、人情及斛斗秤尺；商人要善于辨认银色、区别货物品质高下并掌握讨价还价的技巧；商人要善于同官府及车、船、店、脚、牙等社会各色人等往来；商人更要熟悉账目、掌握信息、精打细算、精通管理……此外，山川之险、风盗之惊、时疫之扰、官吏土豪之敲诈勒索，凡此种种，都要求商人不仅要有足以应变的聪明才智，而且要有甘冒各种风险的勇气。也正因如此，千百年来经营致富者固然不乏其人，倾家荡产乃至抛骨他乡者也时有所闻。一代代的商贾在风雨中冀求平安，在病痛中冀求康健，在苦难中冀求喜乐，在天灾人祸面前追寻新的希望。从某种意义上说，正是商人坎坷的经商之路催生了缤纷多彩的商贸吉祥文化，而这种吉祥文化所特有的精神力量则使商人们在风雨中变得更加坚强。

商人对吉祥的追求是全方位的。从商铺的选址、装饰，到店铺命名中的吉祥表达；从求吉求利的言谈举止和周到服务，到严谨有效的管理制度和行为规范；从店铺标记和商标中的吉祥意蕴，到种种忌讳的避免；从祖师崇拜所形成的行业精神的凝聚，到对财神爷的崇拜，可谓细化到了工商业经营的方方面面，其中哪怕有一点点的瑕疵，都会被商家竭力纠正或避免。然而，事情往往难以尽如人意。就商铺的命名来说，商家强调和追求的是商号的意、音、形“三美”。所谓“意美”，即寓意深刻、联想丰富；所谓“音美”，即朗朗上口、好听好记；所谓“形美”，即书写流畅、美观大方。通俗地说，就是名要起得好、字要用得妙，既匹配自己的买卖性质，又好听好记，细细琢磨一下还要有点品位与内涵。做到这几点显然不容易，所以历代商家无不为命名而绞尽脑汁。

另外还应注意到，由中国传统社会结构所决定，古代商贾对神秘力量的崇拜主要表现在对血缘家族和业缘社团的崇拜方面。血缘是生命的依归，业缘是事业的基础。有了祖先的庇护、家族的兴旺、人丁的繁衍及家人的平安，才使商贾有可能在漫漫经商路上阔步前行。但这显然还远远不够。古代处于社会底层的商人们要在惊涛骇浪的商海中立足，除了对血缘家族的依托之外，还要有可信的产品、良好的声誉、社团的扶持及神灵的护佑，因而古代商人对产业兴旺及社团患难相扶也极度关切，由此衍生出了相应的吉祥文化。

人是需要有点精神的。无论是古代先民，还是当下众生，都要有一个充满希望与吉祥的精神家园，才能支撑着他们去走那坎坷不平的人生路。

商人更是需要有点精神的。自古至今，漫漫商路多崎岖。一代代的商贾“挟数万之赀，经风涛之险，受辱于关吏，忍诟于市易，辛勤万状”[①]，被灾难压垮者固然代有其人，但更多的则是愈挫愈勇、知难而进者。在他们心中肯定有一个共同的精神家园，那里充满了人们对吉祥的希冀和对幸福的追求。

① 李贽：《焚书》卷二书答。

第一章 商业字号命名中的吉祥意蕴

早在原始社会末期，中国已经出现了简单的物物交换。然而，自战国时期的“奖耕战”“抑商贾”始，至秦汉“重农抑商”“崇本抑末”逐渐成国策，再至后来，抑商政策持续了两千多年。这不但使商人饱经沧桑困苦，更使工商业由此成为末技、贱业，从业之人也成为“万般皆下品”的低贱者。唯其如此，中国古代的商人阶层才更充满对吉祥平安的祈愿，并在工商业经营的各个方面追求吉祥，使相应吉祥文化得到充分发展。

行商坐贾是人们过去对商人的称谓，其中从事贩运贸易的人被称作“商”，而坐市售物的人被称作“贾”，两者合称“商贾”。事实上从商业出现起，远程贩运与坐市售物就难以分开，可以说是各有侧重。

一、“行商”与“坐贾”

“行商”“坐贾”，可以合称为“行商坐贾”，也可简称为“商贾”，这是人们过去对商人的一种称谓。起初人们把从事贩运贸易的人称作“商”，而把坐市售物的人称作“贾”。《白虎通义·商贾》中对“商”与“贾”的区别有着这样的点评：“商之为言商也，商其远近，度其有亡，通四方之物，故谓之商也；贾之谓言固，固有其用物，以待民来，以求其利者也。行曰商，止曰贾。”① 后来随着时代的变迁和商贾经营的逐渐合流，人们就将两者通称为商人了。

① 班固：《白虎通义》卷六商贾。

1. 行商

“行商”亦称“客商”，既包括那些财力雄厚的大商人，也包括那些走街串巷、上山下乡的小商人。行商主要从事贩运贸易，以其有易其无，以买贱鬻贵的方式赚取利润。中国是一个幅员辽阔的国家，各地之间的自然地理条件有很大差异，进而形成了一个个差别巨大的经济区。不同地域的特产、生活必需品、高档消费品甚至奢侈品都各不相同，再加上由于受交通发展水平的限制，某些地区之间的交通在中国古代极不发达，这就为行商们长年不断的长途贩运提供了极大的可能性与必要性。

如中原地区农业发达，盛产粮食作物及棉花等经济作物；南方地区盛产水稻，手工业也较为发达，可提供布匹、绸缎、茶叶、瓷器等大宗商品；沿海地区海洋资源丰富，盛产食盐；东北等地区有大量名贵马牛、畜产品及贵重的皮毛产品、木材。这些产品的“商而通之”，就培养了大批从事长途贩运的行商。一些行商还把长途贩运的目标锁定为从事跨国贸易，一般是从中国北部、西部、东北部与周边国家、地区进行长途贸易，著名的丝绸之路即是一例。

一般来说，长途贩运往往需要雄厚的资本、丰富的业务经验、对各地商情的透彻了解以及应对各种突发问题的能力。中小商人由于受到财力与资历的限制，大多很难具备这些条件，所以从事长途贩运的往往是一些大商人，即所谓的“富商巨贾”。从另外的角度看，为了经商与安全的需要，历史上一些大的行商往往自发组成地域性或专业性的团队，专门从事一些周转时间长、风险大、利润较为丰厚的长途贩运买卖。如专用马来驮运货物的队伍是“马帮”；行走于沙漠险路，与关外地区进行易货贸易的是“骆驼帮”。另外古代还有流动于江河湖海，专门从事粮食与食盐买卖的“船粮帮”和“盐帮”；还有专门用车拉货物的“车帮”等等。

在中国商业发展史上影响十分深远的徽商、晋商，都是从事长途贩运的行商的杰出代表。在这里特别需要提及的是广东行商。广东行商虽然名声不显，但其商业成就与徽商、晋商相比却毫不逊色。

自秦汉时，各地商贾便至岭南贸易，到两晋、南北朝时，广州已成为市舶之所聚。明代阿拉伯贸易渐趋衰落，南洋、西洋贸易日渐兴盛，闽粤地狭人稠，居民广泛从事海洋贸易，足迹遍南洋。至万历年间，荷、英、法等国商人相继东渡，并渐成“专商”之制，成立东印度公司以专营东方，其中主要是与中国进行贸易。与之相对应，广东官府也设立“牙行”作为双方交易的媒介，广州当地商人踊跃参与，福州、泉州商人及徽商也争相设立牙行商号。万历年间，广东有所谓“三十六行”者，代市舶提举盘验纳税，是谓“十三行”之始。①清朝康熙二十四年（1685年），朝廷设粤海关监督，但“国朝设关之初，船只无多，税饷亦少，有行口数家，不分外洋、本港……听其自行投牙”②。所以“十三行”之称谓，并非确指，而只是相沿成习的称呼而已。十三行商人皆捐输所得，称某“官”或某“秀”，相沿明代牙行职权，数量也非定数。③梁嘉彬所著《广东十三行考》一书即考证了三十四个行名、人名及行商事迹。“十三行”行商与洋船上的外商做生意并代海关征缴关税，因办事效率高、应变能力强和诚实守信而深受外商欢迎。

清朝乾隆二十二年（1757年），乾隆皇帝曾下令实行闭关锁国政策，仅保留广州一地作为对外通商贸易的港口，广州十三行一时成为当时中国唯一合法的“外贸特区”，从而给广东行商们带来了巨大的商机。十三行行商首领各开商号店铺，从事商品的进出口转运和批发业务。《广东新语》载清代诗人屈大均诗云：“洋船争出是官商，十字门开向二洋。五丝八丝广缎好，银钱堆满十三行。”

---

① 参见梁嘉彬：《广东十三行考》，广东人民出版社，1999，第24页。

② 道光《广东通志》卷一百八十经政略二三。

③ 梁嘉彬所著的《广东十三行考》列举了自乾隆二十五年（1760年）直至鸦片战争后的道光、咸丰年间十三行的变革与兴替，可供参考。

特别值得一提的是，广东十三行代表人物伍秉鉴，曾是英国东印度公司最大的债主，也是美国早期铁路修建时最大的投资者。据时人估计，伍秉鉴的资产曾达到了惊人的2600万银圆。伍秉鉴成为当时洋人公认的世界首富。2001年，美国《华尔街日报》统计了1000年来世界上最富有的50人，有6名中国人入选，伍秉鉴就是其中之一。在颇具权威性的美国《时代周刊》的一项有关19世纪世界富翁的评选中，伍秉鉴荣获了世界首富的殊荣。

古代的行商，尤其是资金充足、规模较大的行商，都开设了店铺。明清时期商铺开遍全国的徽商、晋商自不待言，近代著名的十三行的各行也均开设大批商号，如伍秉鉴的怡和行、卢继光的广利行、潘绍光的同孚行、谢有仁的东兴行、梁亟禧的天宝行、严启昌的兴泰行、潘文涛的中和行、马佐良的顺泰行、潘文海的仁和行、吴天垣的同顺行、易元昌的学泰行、罗福泰的东昌行、容有光的安昌行。这诸多商行、夷馆当时皆位于十三行街杨仁里各街之南，比邻辐辏。道光二年（1822年），因邻街一家饼店失火，波及洋行，大火连续烧了两日，商行、夷馆多间被烧毁，损失惨重。据灾后统计，附近行商房屋货栈基本上变成了灰烬，牵连附近的房屋店铺及千余家洋行，未被烧的只有5家。①

虽然行商中的大商人在商业经济中执牛耳，地位颇高，但与人民生活息息相关的反而是那些活跃在城镇与乡村的小商小贩们。他们作为行商的一部分，人数颇多，特别是在经济落后的地区，几千年来，小商小贩的存在弥补了自然经济的不足及商业流通渠道的不通畅。他们既在农牧区出售品种繁多的城镇工业品与手工业品，也在城镇地区出售土特产、山货、农产品等。小商小贩们肩挑手推的百宝箱、悠长悦耳的叫卖声、或敲击或吹奏的代声器物，构成了一幅独特的商业民

① 参见梁嘉彬：《广东十三行考》，广东人民出版社，1999，第179页。

俗风景图。

在商品经济不发达的地方，小商贩们买卖的五花八门的货物，为人们的生活提供了极大的便利。特别是那些贩卖百宝式商品的货郎们，更深受商品流通相对落后的边远地区人们的欢迎。歌唱家郭颂有一首流传很广的歌曲，曲名即叫《新货郎》，朗朗上口的歌词可让人们领略到那些走街串巷的小商小贩们的风采：

哎……打起鼓来，敲起锣来哎，推着小车来送货，车上的东西实在是好啊！有文化学习的笔记本，钢笔、铅笔、文具盒，姑娘喜欢的小花布，小伙扎的线围脖。穿这个球鞋跑得快，打球赛跑不怕磨。秋衣秋裤号头多，又可身来又暖和。小孩用的吃奶的嘴呀，挠痒痒的老头乐。老大娘见了我呀，也能满意呀！我给她带来汉白玉的烟袋嘴呀，乌木的杆呀，还有那铮碧瓦亮的烟袋锅来嗨呀……

2. 坐贾

坐贾亦称坐商，与流动性较大的行商相比，坐贾的交易方式相对固定。坐贾往往有一个或数个固定的店铺、摊位之类的经营地点，有约定好的交易时间，并大多在醒目位置标出其经营的商品种类。坐贾当然也有大小之分，小摊贩是最早的坐贾，他们主要是在城镇或交通要道进行土特产或生活用品的经营。坐贾的主体是店铺主与大商号，他们往往资财雄厚、利润可观。近代以来，不少经营规模很大的坐贾往往被冠以“大王”的美名，如百货大王、丝绸大王、鞋王、旅店大王等等。

坐贾在经营方式上与行商截然不同。坐贾的特点是买主到卖主所在地与卖主会合，即买者到出售物品的店铺进行购买。所以，历来坐贾都讲究对顾客的热情招待，并把如何招待顾客作为一门大学问向徒弟们传授，以求买卖兴隆，争取更多的回头客。当然，坐贾的固定性是相对的，随着经营状况会不断发生变化，比如，地址的迁移、时间的调整、商品种类的增减都是正常的。早期的坐贾是城市居民中重要的组成部分。

张择端《清明上河图》（局部）

北宋画家张择端的《清明上河图》，描绘了北宋都城开封及汴河两岸店铺相连、人来车往、昼夜交易不息的繁华的商业景象。无论是经商的范围还是店铺的数量，都较前代有了极大的发展。

南宋定都临安（今杭州）后，北方大批工商业者南下，都城临安专门贩售各种物品的纯商业店铺数以万计。据《梦粱录》记载，1000多年前的南宋都城临安，店铺数量众多且分布密集，“自大街及诸坊巷，大小铺席，连门俱是，即无虚空之屋”，与人民生活与消费有关的茶楼、酒肆、面店、果子店、衣物店等比比皆是。由此可见当时店铺之多、买卖之兴隆。

明清时代，城市的市肆店铺与今天的商店饭庄已大同小异。中国古代盛世之一的清朝乾隆皇帝统治时期，商业经济就比较发达。描绘乾隆年间苏州商业繁华景象的《姑苏繁华图》上，画着230多家店铺。画中，有一个丝绸店铺门前，挂着一幅长达六间门脸的大幅广告，上书“本铺拣选汉府八丝妆莽大缎宫绸茧绸哔吱羽毛等货发客”，可见铺面之大。这些大的店铺动辄雇佣几十个甚或上百个雇员，而且往往在总号外还下设不少分号。店铺主人也早已跨入了大商、巨商的行列。

当然，大店铺的数量毕竟是有限的。相较于走街串户的小商贩，大多数经营店铺的商人，大致应属于商人的中等阶层，他们是坐贾的主体。一般雇佣几个或十几个人，一年到头忙忙碌碌，维持着“小康”的生活。

清代绸缎店

近代以降，商业有了前所未有的发展，全国性甚或全球性垄断性巨商涌现出了。创始于 19 世纪三四十年代的“华润万家”，从单一的业态发展到大卖场、高端精品超市、普通超市、社区便利店等多业态组合的规模。到 2018 年，已进入全国 30 个省、自治区、直辖市和特别行政区，240 个城市，自营门店总数达到 3192 家，实现销售 1013 亿元，员工人数近 22 万。可以说，如今从规模庞大的超市、全国性的甚或跨国商贸集团，到遍布于大街小巷的便民小店，皆可看作古代坐贾经济的延伸。

二、字号命名原则与构成要素

古代商贸活动的展开，往往是以店铺为中心的。且不说有固定交易铺面的坐贾，即便是奔行千里长途贩运的行商也大多经由店铺中转和发售，而走街串巷的小商贩则把开一家店铺作为自己的追求目标。一些历史悠久，拥有世代传承的产品、技艺或服务领域，并取得社会广泛认同和具有深厚文化底蕴的店铺，便会逐渐成为信誉良好的老字号品牌。

1. 店铺命名与老字号

我国是一个历史悠久的文明古国，随着几千年的商业发展，产生了难以计数的商家铺号，也孕育了众多特色浓郁、匠心独具、享誉世界的老字号品牌，进而形成了独具特色的品牌文化。过去老北京人形容有钱人的穿着打扮，最常用的一句话就是“头戴马聚源，身穿瑞蚨祥，脚踩内联升”。这一句话就包括了“马聚源”“瑞蚨祥”“内联升”这三个大名鼎鼎的北京老字号。

在2006年中国第一次老字号评选中，有434个商家铺号荣获“中华老字号”的殊荣。这些老字号历经几百年历史的沧桑变幻，如今依然焕发着金子般的光芒。

从商朝古代商业初步崛起算起，商铺商号的兴起已有几千年历史之久。经过数千年沧海桑田的变幻，历朝历代林林总总、难以计数的大小商铺商号中的绝大多数都泯灭在历史的长河中。流传下来的商铺及其名号往往都是一些颇有名气的老字号，如今这些老字号也发展成了知名品牌。

那么，自古至今在中国商业发展过程中曾经出现过的数以万计的商铺是如何命名的？命名的原则与要素又有哪些？其间又发生了哪些变化呢？

如同无论贫穷富贵，人们都非常重视给自己的孩子起一个好名字一样，自古以来，所有工商业者对于自家店铺的命名都非常重视。早在商号买卖正式开张之前的很长一段时间里，商铺老板就会绞尽脑汁、想方设法地为自己的商号琢磨出一个好的字号来。

然而，起一个好读、好听、寓意吉祥的好名字并不是一件容易的事，尤其是在重农抑商的工商业发展早期，士子文人不屑于此道，而初创小店铺、小字号的那些小手艺人或小商贩并没有多少文化底子，自己很难想出像样的名字。他们经济上又颇为捉襟见肘，舍不得花钱请专业人士起名；加之当时工商业者的社会地位较低，能为商号起名的读书人“耻于言利”，也不愿为其代劳。

所以，早期的店铺命名便有相当大的随意性，很多店铺甚至随便起个名字应付了事，人们从史书中所见唐宋之前的许多店家字号多用自己的姓氏，复杂点的也就是再加上排行或外号而已。这类字号的优点是简单好记，而且大多朗朗上口，其中也有一些成了气候，成为名头响亮的老字号。

据吴自牧《梦粱录》记载，南宋临安城内有大小行业414行，各行均有从业者数家，故有大小商店、货摊、作坊以及顶盘担架的小商小贩遍布全城，尤其是在各大街设有铺面的店铺数量众多，较为著名且世代相传者有：彭家油靴、顾四笛、舒家纸扎铺、周三郎蜜煎铺、单家柏烛铺、孔家头巾铺、俞家七宝铺、徐茂之家扇子铺、沈家白衣铺、徐官人幞头铺、钮家腰带铺、张家铁器铺、张古老胭脂铺、戚乙郎颜色铺、徐家绒线铺、俞家冠子铺、李家丝鞋铺、孔八郎头巾铺、陈家绦结铺、朱家裱褙铺、游家漆铺、邓家金银铺、汪家金纸铺、归家花朵铺、盛家铢子铺、刘家翠铺、沈家枕冠铺等等。这些店铺实际上是家庭手工业与商业的结合体，其制作技艺往往世代相传，店主十分重视产品的质量和声誉，故能“有名相传”，历久不衰。

明清时期，随着商业经济的发展，商人数目与商家铺号的数量都在迅速增多。其中许多店铺因各种原因而或兴或灭、或存或废，逐渐淹没在历史的长河中。然而有一些店铺却因其独特的经营理念或产品特色，历经沧桑而日益壮大，进而成为妇孺皆知的老字号品牌。

这些老字号有的仍然沿袭旧名称、旧习俗，见于史载的如王麻子剪刀、王致和臭豆腐等。与此同时，这一时期也出现了一大批取名简洁高雅、寓意吉祥的店铺，比如同仁堂、全聚德、内联升等老字号都是在这一时间创办的。

其实，这些响当当的老字号的建立者，并不是一些学富五车的人，他们往往也是文化水平不高的普通工商业者。他们店铺的好字号是从一些小有名气的文人墨客那里或买或求而来的。当然也有些店铺的名号可能是某个高官显宦一时兴起取的，甚至是皇帝微服私访时御赐的，如北京的“都一处”饭庄，名号与匾额据说就是乾隆皇帝御赐的。

古往今来，见于各类史籍的店铺名称可谓成千上万，而经过千百年历史的积淀与淘汰，为人所熟知的“老字号”不过百十而已。如今伴随着商品经济的发展，过去的“字号”改称“品牌”，“招幌”也改叫“商标”了。人们行走在繁华的闹市，扑面而来的不再是字号、招幌，而是目不暇接的品牌、商标。

不过，在许多人心目中，给店铺或品牌命名仍然十分重要，俨然成了一门学问，而且国家还制定了相关的法律：《中华人民共和国商标法》。当人们准备为即将开张的商店或初创的品牌命名时，固然可以根据个人的喜好进行选择，但一些基本的命名原则还是应当稍加注意。

2. 命名方式

当今世界，商业的飞速发展让大众颇有应接不暇之感，每个城市中的大街小巷，到处都能看见大大小小的店铺。让自己的店铺从这些店铺中脱颖而出的方式多样，但人们首先想到的往往是给店铺起个好名字，其中有几个要素需要注意。

一是通俗而不庸俗。店铺一般面对的都是社区居民、过往行人等大众消费群体，所以店名要尽量通俗易懂，切莫咬文嚼字，否则会影响消费者对店铺的传播，对其他潜在顾客群也难以形成有效的宣传。

二是叫起来朗朗上口。店铺的命名一定要注意音韵响亮、上口易记，这样才便于传播，还要抓住消费者的心理需求与精神需求，凡是能与顾客心理产生共鸣、具有深厚内涵的名称，顾客一般都容易记住，同时也乐于广泛传播。

三是应具有消费特征。店铺的命名要能体现店铺的消费特征，不能含糊，尤其是经营项目、经营风格等方面，如此才能更有效地吸引店铺经营和服务项目所要面对的消费群体。

四是应富有文化内涵。好的店铺名称一定要具有丰富、深厚的文化内涵，大小店铺概莫能外，因为这往往既能体现店铺老板的素质和文化水平，又能给顾客其所购商品格调高雅之感。

五是需适应当地风土人情。中国地大物博，各地风土人情各异，所以在给店铺取名时一定要认真了解并充分考虑当地的历史地理、风俗习惯等因素，否则不但不能刺激顾客需求，相反还会产生负面影响。

六是应名实相符。店铺的名称讲究名实相符，首先是指店铺名称要与实际经营项目相符，切忌名不符实；其次是要与实际经营实力相符，切忌夸大其词；再是要结合当地消费水平、竞争环境等因素，综合考虑店铺名称。

有了这几个方面的基本要素，商家为店铺或品牌命名，可以有多种考虑的途径，既可以从产品本身的功效来命名，也可以用创业者的姓氏来命名，还可以用企业的产地来命名。更多的人图吉利，便用吉祥字命名，有些更借用相关的吉祥动物或植物来命名，甚至有的用吉祥数字来命名。

其一，以吉祥字眼命名。

中国人无论生活在什么时代、什么地方，都有对生活的美好期许，希冀着自己及子孙一生富贵吉祥，所以商家在店铺命名时对含有吉祥寓意的字眼特别看重。遗憾的是，汉字虽多，真正能用于起个吉祥名字的汉字并不是很多，其中用得最多的无外乎祥、和、宝、发、兴、盛、顺、昌、永、长之类的吉利字。有趣的是，清代学者朱彭寿对吉利字命名的店号进行了精心的研究，为我们研究店号的吉祥文化提供了很大的帮助。朱彭寿把店号常用的吉利字做了一个系统的总结，用一首《字号诗》归纳了字号命名中的56个吉祥字：

顺裕兴隆瑞永昌，
元亨万利复丰祥。
泰和茂盛同乾德，
谦吉公仁协鼎光。
聚益中通全信义，
久恒大美庆安康。
新春正合生成广，
润发洪源厚福长。[①]

① 朱彭寿：《旧典备征·安乐康平室随笔》，中华书局，1997，第273页。

这56个字全是表达生意人良好愿望的吉利文字。做一个简单的归类，就可以看出，万、广、丰寓意生意通四海；元、泰、洪寓意生意规模大；亨、和、协寓意生意顺利；隆、昌、茂寓意买卖兴隆；长、恒、永寓意生意持久；瑞、祥、福寓意生意人事事吉祥如意；信、义、仁寓意生意人诚信经营，可谓囊括了生意人几乎所有的美好愿望。在林林总总的字号命名中，这56个最常用的吉利字，一直沿用至今。

其二，以经营类别命名。

一个好的字号，除了有吉祥的寓意之外，如果能在字号中较为恰当地反映出店铺所经营的产品种类，让人从挂在门头的字号上就对店铺经营的产品了然于胸，由此吸引、招徕对产品感兴趣的顾客进入店铺，效果会更好。前面提及的那些店铺，如孔家头巾铺、俞家七宝铺、徐家扇子铺、徐官人幞头铺、钮家腰带铺、张家铁器铺、张古老胭脂铺、徐家绒线铺、俞家冠子铺、李家丝鞋铺、朱家裱褙铺、游家漆铺、邓家金银铺、汪家金纸铺等，在命名上都明显具有这一特点。

汉字的特点之一是寓意深刻，可给人以丰富又美妙的联想空间。因而店铺或品牌的命名不一定非要对经营种类加以直白地表达，给人留有想象空间，效果可能更好。宋应星在其著作《天工开物》中，将手工业按技术分为十六类，所取名称既高雅又富有想象力，如乃服（服饰）、彰施（染色）、杀青（造纸）、甘嗜（制糖）、丹青（矿物颜料）、曲蘖（酿酒）、燔石（煤石烧制）等。

当今市场上常见的日用品及其遍布全国的连锁店的命名，如大家耳熟能详的洗化用品飘柔（洗发水）、海飞丝（洗发液）、舒肤佳（香皂）、汰渍（洗衣粉）、康齿灵（牙膏）、佳洁士（牙膏）、护舒宝（卫生巾）等，都具有这个特点。这些名称既富美感，又迎合了消费者的心理；既可以帮助消费者较好地了解产品本身，又可帮助消费者借此了解品牌的性能。值得注意的是，一些进口品牌在翻译成中文时，也格外注意从产品功能性上吸引消费者，如宝洁（美容、洗涤用品）、奔驰（汽车）、波音（飞机）、佳能（相机）、捷豹（汽车）等，这些译名都比较符合中国消费者的语言习惯。一些药业品牌经常会更加直截了当地用产品的属性与功能来命名，如鸢都感冒灵、三九胃泰、小儿退热口服液等等，如此一来给那些急需买药，又对药品功效不甚了解的顾客提供了极大的方便。

其三，以姓氏人名命名。

以创办者的姓氏或人名作为字号或品牌名称的多为传统商品，如食品、医药、服饰等。明朝以前的中国商家铺号，基本上都是以姓氏人名来命名的。明清以后，品牌命名方式虽然多元化，不少商家店铺还是坚持用姓氏人名来命名。在我国商务部公布的第一批中华老字号中有众多以姓氏或人名命名的老字号，如赖汤圆、钟水饺、马应龙眼药、曹祥泰食品、王宝和酒店、张小泉刀剪、王致和食品、王老吉药业等。

有些品牌在姓氏或人名后加上一两个有吉祥寓意的汉字，也可以产生深远的立意和良好的宣传效果。比较成功的案例是广州陈李济药厂。这个药厂创建于1600年，是一个具有400多年历史的老品牌。其创办人陈体全与李升佐两人都是广东南海人，当初，他们经过细致研究与考察后，准备创办一个制药店铺。店铺各取两人的姓氏，然后再取一个“济”字，含同舟共济、永久合作之意，构成店号“陈李济”。经过两人坚持不懈的努力，愿望终成现实，后人把广州的陈李济与北京的同仁堂、杭州的胡庆余、汉口的叶开泰并称“中国四大药店”。

在国外，以姓氏人名作为品牌名称的做法也非常盛行，尤其是那些用创始人名字命名的成功企业，许多已经成为公认的世界名牌。例如福特（Ford）、百威（Budweiser）、飞利浦（Philips）、爱立信（Ericsson）、凯迪拉克（Cadillac），这些品牌都是各自行业的佼佼者。

《中华人民共和国商标法》实施后，由于重名、重姓者较多且缺乏鲜明的特点，用姓氏人名注册新商标有一定的难度，所以新品牌用姓氏人名来命名的越来越少。

其四，以产地名称命名。

用产地名称来命名的字号、品牌比比皆是，尤其烟酒行业，每一个地区都有以地名来命名的“地方名牌”，这里面不乏全国知名品牌。最为著名的莫过于以茅台酒为代表的中国白酒的八大名酒，茅台酒、汾酒、五粮液、泸州老窖特曲、剑南春、西凤酒、古井贡酒、董酒①，其中相当一部分都是以地名来命名的。

驰骋明清五百年，号称“天下第一商帮”的晋商，就有特别强的地域观念。晋商经营的店铺字号往往带有“晋”字。以清代北京的晋商比较有名的字号为例，北京崇文门外有晋隆泰、安定门大街有晋华春、兴隆街有晋川永、观音寺街有晋义永，等等，一目了然。

清代在北京经营的山东商号则采取另外一种命名方式。当时北京的绸缎业有著名的“八大祥”，即八家大的字号都带有一个“祥”字，其经营者都是山东人；酒楼饭庄有“八大楼”“八大居”之称，这些名号里带有“楼”与“居”字眼的酒楼饭庄，大多是经营正宗鲁菜的饭店，东家、掌柜、厨师、跑堂皆来自山东，饭店的地域特色也比较鲜明。

一般来讲，对一些知名度不高的品牌来说，以产地名称对产品进行命名的局限性是显而易见的，因为这些品牌确实不易得到其他地方顾客的青睐，从创办品牌到得到公众的认可，往往有很长的路要走。最新的《中华人民共和国商标法》已明确规定，县级以上行政区划的地名或者公众知晓的外国地名，不得作为商标。但是，地名具有其他含义或者作为集体商标，证明商标组成部分的除外；已经注册的使用地名的商标继续有效。

世界知名品牌中，用地名命名的也很多。比如依云矿泉水（Evian）因水源地为法国小镇依云而得名；“香槟”也是法国的一个地名，因盛产美味葡萄酒而闻名于世。

① 新中国成立后，我国分别在1952年、1963年、1979年、1984年、1989年对白酒进行过五次国际级评比，茅台酒、汾酒、泸州老窖特曲在历次国家评酒会上都被评为名酒，五粮液、西凤酒、古井贡酒、董酒四次被评为名酒，剑南春两次被评为名酒。

其五，用拼音或谐音命名。

用拼音或谐音来命名，与商业发展的全球化、国际化密切相关，进口产品与国内产品都有这个现象。19 世纪末之后，一些外来的国际品牌进入中国后，为了尽快得到公众的认可，往往入乡随俗，用汉字取与原来读音接近的谐音名字，以吸引中国消费者注意。如惠而浦（Whirlpool）、黛安芬（Triumph）、桑塔纳（Santana）、劳斯莱斯（Rolls-Royce）、欧宝（Opel），如今这些品牌在中国已经得到了广泛的认可，并拥有一定的市场份额。

以拼音为品牌命名是国内企业的独特做法，也是中国企业挺进国际市场所做的必要准备。如 Haier（海尔）、CHANGHONG（长虹）等等，这些汉语拼音品牌一般与汉字品牌组合使用。一些国内品牌为进入国际市场，有的会直接取一个外文名，如 Mexin（美心）、Youngor（雅戈尔）等等。

其六，以吉祥物命名。

中国人的想象力是非常丰富的，许多普普通通的动物、植物，因为其形状、谐音等方面的机缘巧合，摇身一变就成了受人宠爱的吉祥物。比如，“鱼”与“余”谐音，象征年年有余，于是成了适合于各种场合的吉祥物；“桂”与“贵”谐音，桂树也就成了富贵的象征。可以说，动物中天上飞的、地上爬的、水里游的，大多都可以经过人们的想象而成为吉祥物。如我国的十二生肖，从老鼠到老虎，均具有吉祥的寓意和象征；还有许多树木、花卉、水果或因其果实形状，或因其谐音，也都成了吉祥的象征。

吉祥鱼图案

然而，吉祥动物、植物的名称，除去极少数情况之外，显然不能如吉祥字那般可以广泛应用于各类商品的字号。从某种意义上说，动物与植物本身的特征，决定了它作为品牌名称有何种适用性。如豹、马都是善于奔跑的动物,因而多用于汽车品牌的取名。其中又有差别,豹子勇猛而马则相对温顺，所以猎豹等是越野车品牌，千里马、海马则是家用车品牌。再如熊猫的珍贵可爱之于极品香烟、小天鹅的美丽纯洁之于洗衣机等等，都是根据动植物的特性为品牌命名的例子。

其七，以吉祥数命名。

阴阳术数观念在中国古代颇为流行。邵雍《皇极经世书》有云："天一地二，天三地四，天五地六，天七地八，天九地十。参伍以变，错综其数也。如天地之相衔，昼夜之相交也。"即一、三、五、七、九为天数阳数，二、四、六、八、十为地数阴数。阴阳和谐相交，衍生万物，天地相衔，昼夜相替，天地间的变化尽在其中。古代大多以阳数为吉，而且每个数字都有特定的含义。

据说先民用火，以三块石头安置容器，因而有了"事成于三"的说法。在日常生活中，人们也常用数字"三"来代表吉祥美满。如三才者天地人、三光者日月星、三星高照等等说法；数字"六"的寓意为顺，人们常说"六六大顺"；数字"八"与发财的"发"谐音；而数字"九"则为最大阳数，最为尊贵，皇帝即被称为九五之尊，数字"九"又因与汉字"久"同音,所以九被当成代表长久的数字；数字"十"则有十全十美的寓意。用以上几个吉祥数字为店铺命名的例证可谓俯首皆是，如三胜斋、六必居、八大居、九龙斋等等。著名的医药品牌"三九医药"，也是以吉祥数字来命名的。

3. 命名原则

中国汉字具有独特的美感。这种美感体现于中国汉字三美齐备：意美以感心，音美以感耳，形美以感目。"意美"指的是中国汉字有着美好的寓意；"音美"指的是中国汉字好听好记；"形美"是指中国汉字写出来好看。中国汉字的这三个特点与商号命名的原则基本契合。一个好的商号名用通俗的话说就是：名字既要好听好记，又要适合自己的买卖性质，细细琢磨还要有点味道。商铺的命名原则大体包括以下几个方面：

其一，寓意吉祥是商号命名的首要原则。

中国是一个讲究吉祥的国度，像商号、品牌命名这样的大事，都讲究用一些寓意美好吉祥的名字。在前面述及的七种命名方式中，用吉祥字、吉祥物、吉祥数命名者自不待言，其他几种方式也无不蕴含着丰富的吉祥因素，因而寓意吉祥就成为店铺商号命名的首要原则。

在所有吉祥物中，最让中国人敬重的莫过于龙了，龙也成为中国人最重要的吉祥物。因为在中华民族的发展历程中，龙作为中华民族的精神称号、文化标志和情感纽带，是吉祥嘉瑞的象征。诚如闻一多先生所说的那样，龙族文化做了我国几千年文化的核心。[①]至高无上的古代皇帝自封为“真龙天子”,所谓“龙袍加身”“龙辇”“龙体”“龙恩”都是皇帝的专有名词。可见，龙文化已经渗透进中国社会生活的各个方面，成为我们民族文化的凝聚和积淀。

龙是中华民族的图腾，与其他实际存在的动物图腾不同的是，中国龙是中国古人想象出来的神奇动物。《辞源》对“龙”的定义是 :“龙是古代传说中的一种善变化能兴云雨利万物的神异动物，为鳞虫之长。”《辞海》的定义与之类似 :“龙是古代传说中一种有鳞有须能兴云作雨的神异动物。”

对于龙的起源有多种观点。比较统一的是认为龙是一个混合体。中国龙是古人对鱼、鳄鱼、蛇、猪、马、牛、鹿等动物，以及云雾、雷电、虹霓、龙卷风等自然天象模糊集合而创造出的一种神灵动物。龙的概念出现于新石器时代前期，距今约有 8000 年的历史了。龙是华夏崇奉的图腾神，是开天辟地、无所不能的神灵。龙的精神是团结凝聚的精神、造福人类的精神、奋发开拓的精神和与天和谐的精神。

龙作为中华文化中最重要的吉祥动物，在商贸中也占有重要的地位。龙的形象被应用于众多商业标志，龙的形象丰富多变，简单的

---

① 参见闻一多:《闻一多全集》，湖北人民出版社，1993，第 86 页。

龙、被抽象化的龙、威风凛凛的龙、形象可爱的龙、拟人化的龙都参与了形形色色企业形象的塑造。用“龙”字为品牌命名的企业也很多，比较知名的品牌有科龙空调、龙凤汤圆、艺龙网等。

中国龙图案

“龙马精神”寓意甚佳，特指中国人一向崇尚的朝气蓬勃的状态，尤其适合于祝福中老年人，希望他们永葆年轻人的精气神。“龙马精神”这个成语中包括了龙与马这两个一向为中国人所喜爱的吉祥动物。人们之所以把马与中华民族的图腾——龙并列放在一起，是因为马是生命力的象征。马作为一种有灵性的动物，不仅外形俊美、神采飘逸，而且是一种忠诚、勤劳、勇敢的动物，是人类忠实的朋友。在中国历史上有众多良马救主的感人故事。周穆王的八骏马、唐太宗的六骏马、项羽的乌骓马、关云长的赤兔马、薛仁贵的白马都赫赫有名，历来被人们津津乐道。所以商号和产品命名屡屡使用马的名号，也是取“宝马配英雄，名驹配名人”之意。

作为一种吉祥动物，马还代表着力量、速度、成功、富贵。马到成功、万马奔腾、马上封侯、一万当先、一马平川等，都是马所带来的美好联想。

马的图案和形象在商贸活动中被用得比较多，马还被广泛地应用于品牌命名中。马所代表的风驰电掣的速度非常适合作为汽车品牌的名字，古人最津津乐道的日行千里的“千里马”，就被中外众多汽车制造商和供应商作为汽车与轮胎的品牌。海马汽车、森马集团、百马集团等众多用“马”命名的集团，都希望自己所经营的产品与品牌能像奔马那样飞速发展。

其二，朗朗上口以彰显吉祥。

中文里富含吉祥意蕴的字很多，如何在追求吉祥的同时，又让人叫起来朗朗上口，进而更加彰显吉祥的意蕴，是商家给品牌命名时应当考虑的重要准则。古代中国人特别讲究诸事顺遂，如果一个店铺取一个拗口难说的名字，店铺的生意则可能多有波折，所以店铺名字一定要念起来顺口好记，又不失新颖脱俗。如此才能保证生意兴隆。

讲到字号的朗朗上口，老字号、新字号、出口品牌在神韵上还略有不同。老字号非常讲究字号的意境与音韵，上口要有气势；新字号比较注重从产品功效、情感性等角度来命名，讲究叫起来清新明快；一些面向国外的商号则往往从全球市场的角度出发，习惯于用中外通用汉字、拼音来命名，追求的是简洁明了。

北京大栅栏的内联升鞋店，是北京一家有名的老字号，已有一百多年的历史了。这家店最早是在得到一个朝中显贵入股后才得以开业的。此店的创始人赵廷是一个精明的商人，他把买卖对象定位在出门坐轿的达官贵人身上，因此首先要为店铺起一个符合达官贵人意愿的好名字。

同其他小手艺人一样，赵廷本人文化水平很低，起不出像样的字号。在鞋店开张前，他花重金请人起了“内联升”这个字号。内联升三个字寓意“步步高升”，读起来铿锵有力、朗朗上口，切合了达官贵人既升官又发财的愿望。加之内联升的产品质高价贵，正符合了好面子的京城有钱人的特点。内联升经营有道，柜台上保留着所有老顾客做鞋的尺码，当老顾客再次做鞋时，不需要进店再量尺码，鞋做好后伙计就会把鞋送到家里。这种处处为顾客着想的服务意识，为内联升赢得了大量老主顾的青睐。

与老字号不同，现在的许多商家在选择品牌名称时，一方面注重朗朗上口、吉祥清新，另一方面也努力让消费者一目了然地了解此种品牌的功能。前文言及的人们日常使用的洗化用品的命名多归于此类。如洗发染发用品有“飘柔”“海飞丝”“清扬”“润丝丹”“一洗黑”；洗涤用品有“舒肤佳”“立白”；清洁牙齿的有“康齿灵”“高露洁”；女用卫生巾有“护舒宝”“好舒爽”“月月舒”“安尔乐”等等。这些名称不仅凸显功效，其中的吉祥意蕴也不言自明。

一些进口品牌在翻译成中文时，也十分注重读来朗朗上口和含有吉祥意蕴两方面。如美容和洗涤用品“资生堂”“宝洁”，专业汽车生产厂商“奔驰”“宝马”等。有些品牌在起名时更加注重产品给消费者带来适当的精神感受方面，如登喜路（服装）、金利来（服装）、美的（家电）、百威（啤酒）、家乐氏（食品）、七喜（饮料）、吉利（刀片）、万事达（信用卡）等等。

著名的饮料品牌“可口可乐”就是一个成功的范例，中文名称读起来朗朗上口，还带有童趣。喝这种饮料，既“可口”又“可乐”，既享受了好口感，又带来了好心情，确实是一个非常好的名称。可口可乐进入中国以来，一直保持着非常高的销量，除了质量上佳外，名称也功不可没。

“雪碧”是美国可口可乐公司推出的饮料“Sprite”的中文命名，让人读来联想到“夏日里像雪一样凉爽的饮料”，进入中国后一直广受欢迎。其实“Sprite”的原意是“精灵”，出口到欧洲保留了“精灵”这个名称，符合西方人猎奇的心理。可以想象，中国人大多不会喜欢“精灵”这样一个与妖怪相联系的名字。

提到起名时较注重消费者情感态度的品牌，1984 年创立的国产饮料健力宝就是一个比较成功的例子。健力宝不仅开国产饮料的先河，一度还几乎独占了国内饮料市场。健力宝把品牌开发上升到了文化的层次。通过赞助大型体育赛事和请体育明星当企业形象代言人，提升了其健康向上的正面形象，让顾客在享用饮料的同时还得到了精神层面的满足。体育形象与产品功能天衣无缝地结合在一起。当中国最成功的体操运动员李宁加入健力宝集团后，健力宝健康向上、成功爱国的品牌形象得到了进一步的提升。

汉字本身的复杂性使得汉字命名还可以引起人们的相关联想，谐音就是其中的一种。因此在命名时名称本身及其谐音都要引起人们正面的、美好的联想。这些品牌在容易被消费者接受的同时，还会增加消费者对产品的认可。

“金利来”是香港爱国商人曾宪梓先生白手起家创立的一块金字招牌，消费群体定位在那些具有国际眼光的成功男士，是服饰业的高端消费品。曾宪梓原来把品牌取名“金狮”，即一头金色的威风凛凛的吉祥动物狮子。然而，用粤语讲“金狮”两字，正好与“尽输”两字谐音。后来，曾宪梓将金狮的英文“Goldlion”分成了两个部分，前部分“Gold”译为“金”,后部分“lion”意译为“狮子”,音译为“利来”，合称“金利来”。

“金利来”确实是一个吉祥如意的名字，这个品牌也给曾宪梓先生带来了“滚滚金利”。由此，以“金利来，男人的世界”为宣传口号的“金利来”品牌，逐步成为一个国内外知名品牌。

中华老字号之一的广州白云山潘高寿药业股份有限公司前身是广州潘高寿药厂，已有百年历史，素以生产治咳药而驰名中外。蛇胆川贝液、蛇胆川贝枇杷膏、治咳川贝枇杷露……这些在国内外久享盛誉的平价药品,都是该厂的产品。品牌“潘高寿”正好与“盼高寿”谐音，符合人们祛病去灾、祈求长寿的美好愿望，一直广受大众的欢迎。

近些年,零售业迅速崛起,一些商店、超市的名称读来亲切、上口,很容易让人产生一种家的温馨感。如万家福、佳乐家、家乐福、益家园、人人乐、家世界等等，易于吸引各个年龄段的顾客光顾和消费。

其三，商号或商品的命名必须符合法律法规。

《中华人民共和国商标法》实施以后，商标注册的重要原则之一便是命名合法，不合法的名称不能注册。而只有注册成功，才能对这个品牌拥有使用权，并能依法维护自身的相关权益。《中华人民共和国商标法》对所使用的商标的名称及标志有具体的规定："任何能够将自然人、法人或者其他组织的商标与他人的商品区别开的标志，包括文字、图形、字母、数字、三维标志、颜色组合和声音等，以及上述要素的组合，均可以作为商标申请注册。"[1]只要某个商标注册成功，就对这个品牌的名称及相关的标志，包括颜色组合，都享有独占权，其他人一旦使用，就是侵权。商标持有者可以根据《中华人民共和国商标法》，维护权益。

《中华人民共和国商标法》

《中华人民共和国商标法》实施后，字号品牌的运用更加规范，广受商家和消费者的欢迎。但是也出现了将历史文化名人和当代名人名字抢注为商标、模仿别家商标等不太规范的现象。

三、命名的忌讳

正如经营有成功与失败一样，店铺或品牌命名当然也有好有坏。命名中的基本原则，其实是告诉人们为店铺或品牌命名时应该如何去考虑，如何取一个既恰当又吉祥的名字。但这只是问题的一个方面，工商业者对于自家字号与品牌的命名无疑都是相当重视且经过深思熟虑的，他们所考虑的往往是多方面的，不仅考虑原则，更考虑忌讳，也就是说，要在考虑如何"趋吉"的同时，也要慎重地考虑"避凶"的问题。总体上说，店铺或品牌命名中应注意的禁忌是多方面的，概而言之有如下诸端：

1. 忌用不吉

---

① 《中国人民共和国商标法（2019 修正）》第八条。

含义不吉利是店铺命名中的第一大忌，不但会让人产生不好的联想，更有可能对顾客的消费行为产生影响。

新店开张就是为了生意红火，含义不吉不仅让人不舒服，不愿进店铺之门，还会让人从心理上产生一种抗拒和疏离感。

古代中国人讲究风水观念，如迷信五行之说的人认为，店铺名与经营者的姓名五行相冲，则会导致事业受外力影响，让经营者无暇顾及自己经营的事业，最后会因管理不善而造成经营之损失；店铺名与经营项目五行不符，则会导致生意清淡，无人问津；店铺起名与店铺朝向不符，则会导致虽生意尚可，但利润微薄；商铺起名与周围环境不符，则会导致与邻里关系不睦，易发纠纷，从而影响正常经营；如所起店名与天、地格搭配不好，则会导致生意日渐衰落，回天乏术。

在有些人的眼里，商店地址门牌的号码也是很有意义的。2、5、8、9、10是吉利的数字：2意味着容易，5意指与五行元素相协调，6代表财富，8意指致富，9乃是长久、长寿之意，10指确定。因此，像“298号”这样的地址，其意义就是“容易长期致富”。相反，“744”的寓意则可能不吉。

2. 忌用冷僻字、多音字

店铺的名称是供消费者称呼的，考虑用字的大众化问题自是当然，然而一些店主在给店铺起名时首先想到的却是去翻《康熙字典》，找冷僻字以显示有文化，殊不知实际效果可能恰好相反。好的名字就像好的文章一样，是在平淡中见神奇，而不是靠冷僻字、多笔画字和异体字。“四通”“方正”“金利来”“康师傅”这些名字，每个字都是常用字，但读起来朗朗上口，便于记忆。事实证明，这些品牌并未因名字简单而影响发展。

从另一方面看，冷僻字往往含义隐晦深奥，容易让消费者看不懂，寓意再好也没有意义。浙江兰溪有家起名馆，起了一个寓意颇深的名字“叱石成羊”。此典故出自《神仙传》，据说古时皇初平牧羊时遇一道士，被其带至金华洞石室中修炼，四十年不食人间烟火，终修得法道。兄长后来来此地寻他，问他当年羊群下落时，初平在山上大声叫“羊起”，只见满山白石应声而起，变成了羊群。一个面对公众服务的小店，其名字居然蕴含这么玄妙的典故，难怪人们都看不懂，远不如“酿名庐”和“正名斋”让人回味。

起名使用多音字，就像使用冷僻字一样会给人们带来很大的不便。例如：乐海餐馆，其中的“乐”有两读，使人不知读什么音更好。其他有两种读音且寓意深长的字很多，如行、省、重、茜、朝等。人们通常有这样的心理：当不能确定一个字怎么念的时候，就会采取回避的态度，人们很可能怕自己念错店名给人取笑而不会主动介绍给朋友，这样在无形中店铺就损失了一些潜在的客人。所以，店铺的店名最好朗朗上口、好记易读，与其注意字的形状还不如去注意一下平仄和节奏，或许有更好的效果。

3. 忌雷同重复

很久以来，知识产权的概念没有在商贸领域引起商家重视，因此，有些后起的商家有意仿照那些已经成名的店号来给自己的店铺命名。重复的名称比比皆是，难以突出其特色。

再比如，在计划经济时代，大量的国营集体企业品牌，是以地名、人名、动植物名和词汇为品牌命名的，很少有新创词汇出现，使得重复的品牌名称大量出现，比如“长城”“天鹅”“成功”等名称，在全国各地都数不胜数。这种不恰当的命名，即使在相关法律法规逐渐健全后，也没有消除，仍有多个不同行业、不同产品，共用一个品牌名称。

以黄河为例，许多人认为，黄河是母亲河，用黄河命名能激起民族自豪感与昂扬向上的动力，其结果是用“黄河”二字命名的品牌比比皆是。如“黄河集团”“黄河家园”“黄河大厦”等不可胜数。这些相似的品牌名称会使消费者产生模糊的观念，也可能使名称相似的公司间产生权益纠纷。

许多知名的品牌一旦出现名字重复的现象，就可能会误导消费者。如“白沙”是我国烟草业的知名品牌，广受欢迎，然而在白沙集团所在地长沙,还有另一个“白沙”品牌生产啤酒,名气也不小。这样一来,两个企业宣传的内容风马牛不相及。当地消费者可能有所了解，但外地消费者不明所以，就可能将两个企业混为一谈。

很多店家会觉得借用有名气商店的名字会更好，利于打开市场，但其实很多消费者都不喜欢仿造，只要商品一打上“仿”的牌子立刻就降了档次。店家与其说是仿了别人的牌子，还不如说是砸了自己的牌子。

在商标法完善后，新注册品牌重复命名的现象得到了抑制，但原有名称重复的品牌仍继续存在。对这一现象的治理，还有很长的路要走。

4. 忌与常识及风俗习惯相矛盾

命名应当以文字简洁醒目、让人产生美好的联想为标准。世界知名香烟品牌万宝路的英文名牌“MARLBORO”是“Man always remember love because of romantic only”（男人记得爱只是因为浪漫）的缩写。“万宝路”本身可以让人想起这样一句美好的话语,非常独特。

改革开放以来，随着人民生活水平的不断提高，羊绒被、太空被等床上用品在国内外市场都颇有销路，但在品牌命名上也遇到问题。北方某地生产的“山羊”牌床上用品出口到英国，直接采用了山羊的英文翻译名称“Goats”。在英文中“Goats”除了代表山羊外,还有“色鬼”的意思，作为床上用品名称，显然很难让英国人接受。

还有一个类似的例子。茉莉花茶是中国茶叶中非常重要的组成部分，某个茶厂就以“茉莉”作为出口茶叶的名称打入东南亚市场，结果销路很差。原来，“茉莉”一词在东南亚地区是“没利”的谐音，尽管这种花茶的质量不错，价格也公道合理，但如此“不吉利”的品牌名称明显影响到了它的销售业绩。所幸企业应对得当，了解到这个情况后，及时采取措施，将“茉莉”改名“来利”，遂即打开了东南亚的销售市场。

品牌命名中使用的汉字太空、太俗的现象也是需要避免的。前些年，很多企业在起名时追求气势，动辄就以“城”“集团公司”“有限公司”“大王”“世界”“宇宙”等大而空的字号命名，很容易引起人们的反感。像“李大妈”“迷死你”“奇丑”之类的名称则是走上了另一个极端，听上去俗不可耐，明显缺乏文化内涵。近年来，工商部门在企业名称登记注册时，已对类似的命名做出了限制。

用地名来命名是商号品牌命名的重要方式之一，中外都有一些用地名命名的著名品牌。但其局限性在于，一些地区性名称会让其他地区的消费者产生消费心理障碍，产生对该商品的抵触情绪。虽说一些大的地名，诸如以上海、南京、青岛、茅台等广有知名度的区域命名或许不存在区域局限，但一些小的区域则可能因地区保护观念而受到一定的影响。新商标法对用地名命名这一行为做了法律限定。《中华人民共和国商标法》第一章总则明确规定：“县级以上行政区划的地名或者公众知晓的外国地名，不得作为商标。”同时也规定：“已经注册的使用地名的商标继续有效。”

5. 应尊重不同国家和地区的文化习俗

如今，老字号品牌面临着走出国门的问题，这就需要了解当地的风土人情，尊重其他国家文化习俗的不同，防止出现犯忌讳的现象。

例如大象在不同的国家地位差异很大。在许多亚洲国家包括中国，大象都是吉祥动物。在我国，“象”因与“祥”同音，是一种重要的吉祥动物。另外，据说大象能活二百年，因此成为象征长寿的动物。大象还代表“好景象”。“瓶”代表“平”，一幅大象驮瓶图，就是一幅传统的吉祥图，其含义是“太平有象”“太平景象”。

“太平有象”

亚洲许多国家对大象也都情有独钟。泰国、印度等地把大象看作吉祥之物。如第九届新德里亚运会的吉祥物的原型是亚洲象，第十三届曼谷亚运会的吉祥物也是一只可爱的大象，大象在斯里兰卡还被作为庄严的象征。

欧洲人眼中的大象形象与亚洲人正好相反。他们认为大象代表笨拙，英国人甚至认为大象是失败的象征。所以向欧洲出口的品牌，不建议使用与大象相关的品牌或标志。曾有一个中国厂家向英国出口了一批品质优良的“白象”牌网球鞋，其结果是商品无人问津，给企业造成巨大的损失。

猫头鹰在东西方文化中有着截然相反的两种象征意义。在中国等东方国家，猫头鹰是不吉利的象征。中国有句谚语称：夜猫子进宅，无事不来，不是死人就是破财。可见在中国人眼中猫头鹰确实是一种不祥之鸟。而在西方人的心目中，猫头鹰是吉祥的象征，是智慧、勇猛和刚毅的化身。在西方，用猫头鹰作为品牌名称也比较常见。美国猫头鹰餐厅，成立于 1983 年，其总部设在美国佛罗里达州。仅二十多年的时间，美国猫头鹰餐厅就已在全球设立了四百余家连锁店。美国猫头鹰餐厅是美国餐饮业的一个金字招牌，也是世界知名的餐饮品牌。

仙鹤在中国的文化中占有很重要的地位，被称为“一品鸟”，是地位仅次于凤凰的吉祥禽鸟。明清官服的补子纹样中，文官一品为仙鹤。吉祥图案中，“一品当朝”就是一幅鹤立潮头岩石的图案。而且，仙鹤还与长寿、仙境等联系在一起。在日本，丹顶鹤同样受欢迎，1985 年的日本世界大学生运动会的吉祥物就是一只丹顶鹤。但是，法国人却把仙鹤作为不祥的象征，忌用仙鹤作为品牌名称或符号。另外，美丽的孔雀在中国、东南亚国家都是一种吉祥鸟，但在欧洲却被视为带来灾祸的鸟。这些都是进行全球交易的商家需要注意的问题。

还有一些国内知名品牌，翻译成外语后虽然不会犯忌讳，但会丧失原品牌所特指的美好的含义。相比而言，海信在命名之初就考虑了国内外市场的因素。“海信”这个品牌名称，既简洁又符合青岛濒临大海的地理特征，还寓意有“大海般的信誉”。海信注册的英文商标“Hisense”，是“High Sense”的合成，其含义是“高灵敏、高清晰”，又可译为“高远的见识”，体现了品牌的远大理想，符合其全球化战略的要求。

四、老字号文化探源

中华老字号大多发源于明清时期，得益于明清时期商业的兴盛。北京作为明清两朝的首都，老字号众多，而徽商和晋商则是明清两朝最著名的商帮，其老字号的发展尤其具有代表性。

这些店铺商号之所以能在众多的商号中脱颖而出，成为名扬天下的老字号，其中缘由值得探究和深思：一是这些老字号崇尚文化，想方设法提升经办店铺的文化档次，如把儒家的仁、德、和、信等理念用于店名中，以凸显文化品位与求利求吉的意蕴，一些老字号还特别重视结交文化名家，请名家题写牌匾，以提高知名度和文化内涵；二是注重诚信经营，并将之作为立店之本。这体现在老字号经营发展的方方面面，包括货真价实、童叟无欺、礼貌待客、周到服务等。此外，勤俭办店、和气生财、劳资合力等也成为中华老字号的重要文化内涵。

1. 明清商业发展与老字号的出现

中国商业老字号大多出现在明清时期，这与明清的商业发展密不可分。

尽管中国古代历朝都曾实行过抑商政策，但商品经济的发展势不可当，而且由于中国古代经济与社会发展在较长时间里都处于世界的领先地位，因此中国古代的工商业一直是相当发达的。到明清时期，伴随着统治者一定程度上的宽农恤商政策，商品经济又有了更大的发展，商人的力量与地位得到较大程度的提升。

商品市场的扩大是明清时期商业发展的重要标志之一。从商业产品的类别来说，宋代之前的中国商品生产是以珍奇宝货等奢侈品以及土贡式的土特产为主，明清时期则转向以广大人民需要的生活和生产用品为主，如粮食、布匹、棉花、染料、陶瓷、纸、糖、铁制产品等。

从商品贸易的范围来说，明清时期许多重要的商品贸易已不再局限于地方性的狭小市场，长距离的大宗贸易乃至国际贸易逐渐增多。

明清时期商业发展导致了大商人资本的兴起，进而出现了许多拥资巨万的商人或商人集团。如中国历史上非常著名的徽商、晋商、苏商、洞庭商、江右商等等，都大致兴起于明代，兴盛于清代。《五杂俎·地部》中记载徽商资产之丰厚："藏镪有至百万者，其他二三十万，则中贾耳。"明朝的王世贞在《弇州史料后集》中曾有一段纵论天下豪富的史料，提及在明代嘉靖、万历年间，积资 50 万两白银以上者即可算是头等富豪了，当时全国仅 17 家。其中山西三姓、徽州二姓应是巨商，邹望、安国是正德时无锡的巨富，以经商起家。用这个标准与清代比，其所谓首富之户，大概也仅可聊算中富。清代和珅仅当铺资本就高达 3000 万两，广州伍怡和资本达到 2600 万两，其他资产超过百万两者的商人不可胜计。也有人认为，明清以来山西号称海内首富之地，"富商大贾甲天下，非数十万不称富"。有一首流传颇广的《晋商谣》，歌词如下：

《盛世滋生图》（局部）

想当年，大清王朝成一统，
要数那康乾盛世最繁荣。
海内最富是山西省，
富商大贾在晋中。
你看那，钱庄票号、经理财东，
一个一个，
数也数不清……

明清商品经济的发展还使商人社会地位得以提升。明清时代，伴随着社会分工的不断深入和城市商品经济的繁荣，商人作为商品生产者与消费者之间的媒介，其作用日益为人们所认识。如工商业较发达的苏南、浙江等地“半仰食于江楚庐安之粟”；嘉定地区“县不产米，仰食四方”，商品经济的发展使经商者数量日益增多，人们也越来越多地懂得为商经营的重要性与艰难性。明代大思想家李贽曾为商贾鸣不平曰：“商贾亦何可鄙之有？挟数万之资，经风涛之险，受辱于关吏，忍诟于市易，辛勤万状，所挟者重，所得者末。”

大商人拥有的雄厚的财力和奢华的生活，受到了各阶层广泛的关注，而且，豪商巨贾依仗其雄厚的财力，或直接买官跻身士绅之列，或送礼行贿投托权贵以作倚仗，或靠放债以笼络、控制官员为其牟利，这一切都使商贾在人们心中的地位和形象大有变化。《三冈识略·三吴风俗十六则》中就反映了商人在士大夫们心中形象的变化：“曩昔士大夫以清望为重，乡里富人，羞与为伍，有攀附者必峻绝之。今人崇尚财货，见有拥厚资者，反屈体降志，或订忘形之交，或结婚姻之雅，而窥其处心积虑，不过利我财耳，遂使此辈忘其本来，足高气扬，傲然自得。”这段议论，是一些希望巩固其缙绅地位的封建士大夫们的不满之辞，是他们对当时商人被士大夫倾心接纳、以礼相待的非议与悲叹，也是商人社会地位提高的侧面反映。

实际上，自明代中期以后，商人的地位已明显提高，商业再也不是为人所不屑、不齿的贱业。明代万历年间首辅张居正曾指出：“故余以为欲物力不屈，则莫若省征发，以厚农而资商；欲民用不困，则莫若轻关市，以厚商而利农。”明末清初大思想家黄宗羲则在其《明夷待访录》中直接提出了“工商皆本”的主张，所谓“夫工固圣王之所欲来，商又使其愿出于途者，盖皆本也”。在一些明清时代的笔记小说中，商

徽商大宅院之五凤楼

业及工商业者也逐渐受人尊崇，成为善业，所谓“经商亦是正经，不是贱流”，明末《二刻拍案惊奇》中还提到“徽商风俗，以商贾为第一等生业，科第反在次着”。

山西重商风俗也是由来已久。清朝雍正年间的山西巡抚刘于义在给皇帝的奏折中说过：“山右积习，重利之念甚于重名。子弟俊秀者多入贸易一途，其次宁为胥吏，到中材以下，方使之读书应试。”这显然与中国古代社会“万般皆下品，唯有读书高”的说法格格不入。山西晋中有句谚语，“生子有才可做商，不羡七品空堂皇”，这更反映了当地人对“士农工商”四民认知的巨大变化。

尤其值得注意的是，那些一直在鼓吹“重农贱商”“重本抑末”的封建权贵、官僚士绅们，也越来越热衷于经营工商业。他们或贩盐贩丝，或贩卖钱钞，或建房出租，或凭舟取利，或经商海外，或互市边民，或开机房、典铺、牙店、塌房、官店等，虽然形式复杂多样，但依托经商而发家致富的性质则是相通的。所以曾有人一针见血地指出：“士大夫之家，皆以商贾游于四方。”

官僚士绅经营工商业的同时，商人凭借财力开始混迹官场。钱泳《履园丛话》中记述了这样一个例子：乾隆时扬州药商陆见山“开有青芝堂药材，为扬城第一铺。得郑侍御休园为别业，捐同知衔，居然列于诸搢绅商人之间，每有喜庆宴会，辄着天青褂五品补服”。官僚士子经商与商人凭借财力纳资为官的现象在当时屡见不鲜，官与商逐渐相互融合。

商人财富的积累、社会地位的提高以及有组织的商帮的出现，为店铺字号的形成、发展与持续扩张提供了坚实的基础，其结果是一大批金字招牌在全国各地涌现。其中许多老字号一直发展延续到今天，成为我国商业领域的宝贵财富。

老字号承载了中国优秀的传统文化，具有独特的人文魅力；老字号被看作质量与信誉的保证，饱经沧桑而历久弥坚。老字号还拥有巨大的商业价值。2006 年由中国品牌研究院公布的“首届中华老字号品牌价值百强榜”上，百强老字号的品牌价值总共为460.74亿元。其中，同仁堂以29.55亿元的品牌价值名列首位。在这百强老字号中，医药行业最多，达到31个，其后依次是食品、餐饮和酿酒行业。

2017年，商务部对“中华老字号”做出了界定，“老字号拥有世代传承的独特产品、精湛技艺和服务理念，承载着中华民族工匠精神和优秀传统文化，具有广泛的群众基础和巨大的品牌价值、经济价值和文化价值”。商务部对2018年提出了“品牌创立于1956年（含）以前；传承独特的产品、技艺或服务；具有中华民族特色和鲜明的地域文化特征，具有历史价值和文化价值。”等7个中华老字号认定条件。

第一批中华老字号具备覆盖面广、代表性强、知识产权明晰、发展前景良好等几个特点，著名的同仁堂、全聚德、贵州茅台、五粮液、稻香村、张小泉、恒源祥、吴裕泰等人们耳熟能详、影响巨大的企业都位列其中，基本囊括了目前我国老字号的精英。它们是中国民族工商业的骄傲，是国人心仪的著名品牌，名副其实的“中华老字号”。

2. 徽商老字号

明清时期遍布全国的徽商，依靠其吃苦耐劳、勤俭节约的精神，由小本经营发展成为全国著名的商帮。他们资本雄厚，经营品种广泛，包括盐、棉布、粮食、典当、文具笔墨等，并凭借“讲道义、重诚信”“诚信为本、以义取利”的经营理念，在市场上取得了良好的信誉。留传至今的老字号，如张小泉剪刀、谢馥春化妆品、胡开文墨业、曹素功墨业、胡庆余堂、王致和酱园、胡玉美酱园、石翼农药店、谢裕大茶行、吴鲁衡万安罗盘等，大多是商务部认定的首批“中华老字号”。其中，万安罗盘制作技艺还入选了首批国家级非物质文化遗产名录。

扬州古老的化妆品品牌“谢馥春”是中国第一家化妆品企业，其历史可追溯到清道光十年（1830年），曾被国家商务部授予“中华老字号”称号，名列“全国300家重点保护品牌”，并于1915年荣获巴拿马万博会大奖。谢馥春是中国化妆品业的始祖之一。创始人谢宏业取“谢馥春”为店名，“谢”为姓，汉语中有凋零衰败之意，故加“馥春”

二字，“馥”字意为馥郁芬芳，并与“复”字谐音，与“春”字相连，寓回春之意、青春永驻，字号名称意蕴美好。

徽州老字号药铺“同德仁”创办于清同治二年(1863年)，距今已有150多年历史。最初，由上溪口程德宗和隆阜邵远仁合伙开设，店员仅五六人，以经销中药批发为主，兼坐堂行医，店名“同德仁”，既包含两人名字，还寓意“同心同德，办事仁义”。同德仁于1982年10月恢复老店号，现悬挂的金字招牌是派人去黟县渔亭分店仿制的。据老店员介绍,两处店号匾额出自一人之手。店堂内一切按老店布局，店中悬有仙鹿图，窗棂上刻有“灵芝瑞草、桔井流香”八个鎏金大字。

中华老字号“胡玉美酱园”的字号也很讲究。一代酱王胡兆祥于清道光十年（1830年）开始在安庆当地走街串巷，肩挑贩卖酱货，继而开设“四美”酱园、“玉成”酱园，后在安庆商业中心四牌楼创办“胡玉美”酱园,店号“玉美”,既可志前人创业之艰辛,又寓以“玉成其美”之意。随着业务的拓展，酱园不仅在本地设立多处分店，还在上海、南京、汉口等地设立支店或经销处，逐步打开津浦、沪宁和平汉通衢，业务日渐发达，并于1911至1929年间荣获巴拿马万国博览会、西湖博览会、南洋劝业展览会等金银奖章九枚，“胡玉美酱园”由此声名大振，享誉中外。

徽商叶开泰药店，是与北京同仁堂、杭州胡庆余堂、广州陈李济齐名的全国四大中药店之一，已经有数百年的历史。叶开泰药店始终恪守虔诚修合、遵古炮制的传统。店铺的大堂中高悬一副对联“修合虽无人见，存心自有天知”，以警示药店店员秉持从业良心。据《叶氏家谱》记载，叶家祖籍安徽徽州，明代初年迁至江苏溧水县。叶开泰创始人叶文机，于明朝末年来到汉口行医，开设叶开泰药室。“叶”为其姓氏，“开泰”有“亨通安泰”之意，字面的意思又有“开始平安顺利”的寓意。叶文机来汉口之时，当地兵荒马乱、瘟疫流行，叶文机凭着高超的医术，得到当地人的认可，悬壶应诊，以医荐药，深得民心。传至第四代叶宏良时，始将药室改称药店。数百年来，叶开泰的药货真价实，信誉从未受到过挑战。比较爱说俏皮话的汉口人有句口头禅："叶开泰的药吃死人都是好的。"意思是说，吃了叶开泰的药，即使是人死了，也不是药不好，而是你的病该死。在汉口人的意识里，吃了叶开泰的药，就开始平安顺利、亨通安泰。

3. 晋商老字号

与徽商齐名的晋商老字号也遍布全国，其中仅经营茶叶的著名老字号就有近两百家。如乔记茶庄、福元昌、日升昌、晋丰厚、天顺祥、同庆号、同昌号、大有庆等，都是铺号遍布数省的大字号。乔记茶庄是晋商茶庄票号的杰出代表，并且是晋商在恰克图贸易的主力，其茶庄票号活跃于全国各大商埠。乔记茶庄开设在山西祁县乔家堡，其茶票号主要集中在北方的包头、张家口、大同、天津、西安、哈尔滨、沈阳、碛口等，流动资金巨大，而且与各大茶商有着良好的合作关系。为了满足不同阶层对茶品的需求，乔记茶庄自办木器厂，制作不同形制和档次的木制包装盒，用于满足皇家、官家、牧区、市井之需，特别是供应皇家的茶叶，包装材料富丽堂皇，制作精美，令人震撼。

明末清初，晋商向全国扩展，成为商业流通中的劲旅。他们不但遍布北京、天津、汉口等大商埠，而且瞄准了内蒙古、宁夏等少数民族聚居区。一支平遥籍行商正是在这一时期肩挑货郎担，背负货物包，西出雁门关，来到阿拉善草原，结伙搭帐，定点销货，并很快成立了"祥泰公"商号。这一名称取"吉祥安泰"之意，并以"公"字寓意公众合伙经营。但这商号经营时间不长，雍正元年（1723 年）结束营业，继之而起的是"祥泰隆"。新的商号撷取了老字号中的"祥泰"两字，单将最后一字改为"隆"字，取生意兴隆之意。祥泰隆在道光年间又经历了一次股权变动，但字号没变，经营业务却由此登上新台阶。尤其是董振镛出任祥泰隆总管后，根据蒙古族人民的生活特点和市场竞争激烈的现实，大胆革除旧弊，建立并完善了一套全新的管理制度和经营方式，进而成为晋商中著名的商号。

号称中国现代银行的开山鼻祖——中国第一家票号"日升昌"，坐落于“大清金融第一街”平遥古城西大街的繁华地段。日升昌从清道光元年（1821年）成立到歇业，历经一百多年，曾经执中国金融之牛耳，分号遍布全国35个大中城市，业务远至欧美、东南亚等地区，并以“汇通天下”而著名。

日升昌票号的前身是西裕成颜料庄，总部设在平遥，并在北京崇文门外设有分庄。清嘉庆年间，由于社会商品经济的发展，埠际间货币流通量大增，而过去的起标运银由于很不安全，已不能适应新形势的需要。日升昌票号的创办人雷履泰敏锐地意识到，经营汇兑和存放款业务，较之经营颜料既省事又赚钱。于是，西裕成颜料庄首先在京、晋间试行汇兑办法，效果很好，便开始兼营汇兑业。道光元年（1821年），西裕成颜料庄正式更名为日升昌票号，专营汇兑。

“日升昌”这一字号，意在生意兴隆，如日初升，繁荣昌盛，而关于“日升昌”这一名号的由来，还有一个颇有意思的传说：

一天傍晚，雷履泰吃过晚饭在铺号内溜了一圈，回到房内靠着铺盖卷就躺下了。朦胧间见铺面斜对门的木器厂内着了冲天大火。一时人们大呼小叫着去救火，但当雷履泰急忙赶到木器厂前，发现原来竟是一座金碧辉煌赛似神仙住的天堂大院。他推门进去，只见里面更是珠光宝气，碧瓦琉璃，真是一座流光溢彩的洞天福地。正在雷掌柜目不暇接之时，忽见东方朝霞虹景里，两轮红日喷薄而出，与那金辉和宅院相映，更是璀璨壮丽，令人叹为观止。轰然一声，又见天上开了一座大门，天界众仙飘然而至，向西而去。这时许多神仙都频频招手，约他同去。于是雷履泰就觉得自己身如飘带，冉冉登上仙界。当他回首坐谈间，却见妻儿正向他招手。正欲带他们同去，不料众仙中一位黑脸天仙跨步上前挡住去路。雷履泰猛一激灵，竟是一个离奇的梦。

这时他看看时辰，已交三更，回想梦中情景犹历历在目，梦中意向分明是一个事业飞黄腾达的吉兆。于是他想起这几天一直为确定总号的名称而反复思索，但不甚满意，他曾想过“广聚源”“兴隆盛”等名号，后来都一一否定。因为这些名号里虽有财源广进、永盛不衰之意，但似乎总缺少一种开创“票号”这一独特行业的新气派、新气象。这时，一个崭新的思想火花在他脑海中闪现出来，而且立刻汇聚成“日升昌”这几个字，正合梦中二日并升，光照大地的情景。

这个名称太好了！雷履泰再也按捺不住内心的激动。当他开门来到院中，东方的天色已经微曦，又一个晴天丽日来到人间！财东李大全一听这个名字，也拍案叫绝。于是，中国第一家票号“日升昌”就这样诞生了。①

晋商老字号遍布全国，在宁夏有著名的“敬义泰”，创办人是山西省万泉县阎景镇李氏。李氏家族人丁兴旺，一应花销物用自然不小，全赖李敬信、李敬义、李敬泰三兄弟开的一家小杂货铺供给。此后，李敬信之子李子荣在小杂货铺的基础上创办了“敬义泰”商号。这一字号各取兄弟三人名字中的一个字，既有“兄弟齐心，其利断金”之义，又有“仁义经商”“平安美好”之义。商号附设敬义酱园，生产酱油、醋、酱菜、酒、糕点，还有闻名遐迩的黄酒和玫瑰露酒，并经营绸缎、布匹等，在宁夏各县都专设了分号推销货物，收购宁夏土特产，这一举措使得“敬义泰”的生意滚雪球般越做越大。

4. 北京老字号

北京作为元明以降的国都，人口密集，经济繁荣，一向是老字号的集中地。2006 年商务部认定了第一批“中华老字号”，在共计 430 个企业（品牌）中，北京独占 67 个，超过 15%。

在公布的第一批中华老字号中，同仁堂以 29.55 亿元的品牌价值

① 薛中行：《中国式股权激励》，中国工商出版社，2014，第 21-22 页。

名列首位。同仁堂由乐显扬创立于清康熙八年（1669 年），距今已有 300 多年的历史。

乐氏祖籍浙江，乐显扬的先祖乐尊育于明末来京行医，住在北京大栅栏的一家客栈里，平日走街串巷为人看病，后坐堂行医，称“乐家老铺”。到乐显扬这一代，笃信“可以养生，可以济世者，唯医药为最”，并取《易经》中“和同于人，宽广无私”之言，改“人”为“仁”，创建“同仁堂”中药铺。

同仁堂的创办有一段有趣的传说。据说康熙皇帝当时得了一种怪病，身上起红斑点，全身发痒，御医们用尽了办法也无济于事。康熙很生气，晚上出宫散心，走到一个小药铺，假称自己是一个书生，请郎中给他看一下病由。郎中说：“先生山珍海味吃多了，又用了太多的人参，上火了，所以全身发痒。我给你开上几斤大黄，回家煮开，用此水洗浴，三五次就好了。”郎中见康熙不相信，就让康熙治好后再给他钱。康熙回到宫中，按郎中的方子洗了三次后，竟完全好了。

康熙表明了身份，请郎中到宫中当御医。郎中却认为宫中医生很多，自己应当留在民间给老百姓治病。康熙当即帮郎中建了一个大药房，并于康熙二十三年（1684 年）下诏册封乐显扬为太医院吏目。

雍正年间，同仁堂开始为清皇宫御药房供奉用药，此后历经八代皇帝，共计 188 年。同仁堂药品素以质量取胜，在国人心目中，几百年来无出其右者。人们熟知的同仁堂几百年来固守的古训“炮制虽繁必不敢省人工，品位虽贵必不敢减物力”，不仅是一代又一代同仁堂人需要恪守的信条，更是同仁堂长久不衰的保证。

传说同仁堂古训是康熙皇帝为同仁堂开业题写的对联。事实上，这句古训是在清康熙四十五年（1706 年），同仁堂当时的掌柜乐凤鸣在宫廷秘方、民间验方、社会配方的基础上写成《乐氏世代祖传丸散膏丹下料配方》一书，此书收集了同仁堂最重要的配方，乐凤鸣在此书的序言中写上这样两句警句，用以告诫同仁堂后人。

同仁堂之所以能够赢得国内外顾客长期的信赖，并始终走在本行业的前面，确实与几百年来过硬的质量密不可分。1989 年，国家行政管理局商标局认定“同仁堂”为国家驰名商标,受到国家的特别保护。

如今，北京同仁堂已发展成为一个集科、工、贸、研发于一身，拥有境内、境外两家上市公司，海内外连锁门店、分店 400 多家的国有大型跨国医药集团。

“全聚德”也是北京响当当的老字号，全聚德的北京烤鸭被外宾誉为“天下第一美味”。1998 年,北京进行了一个品牌认知情况的调查,结果显示,在外地人眼中,“全聚德”的知名度位居北京品牌的第一位。

老字号“全聚德”始建于 1864 年。“全聚德”的含义通俗易懂 :“以全聚德，财源茂盛。”据说全聚德的原址是一个叫“德聚全”的小杂货铺，因经营不善转让给了从事鸡鸭生意的小买卖人杨全仁。为了防止重蹈小杂货铺的覆辙，杨全仁在开业前，请来一个风水先生给自己看了看风水。风水先生围着小铺转了半天，郑重其事地说 :“这个地方是风水宝地，非常适合做买卖。其前的小杂货店‘德聚全’之所以生意不好,是因为名字起反了。把名字改成‘全聚德’保证财运亨通。”杨全仁闻之大喜，就接受了“全聚德”这个字号，并请书法造诣颇深的秀才钱子龙题写了匾额，然后就选择吉日开张了。

新中国成立后，全聚德承担过不少接待外宾的任务。1972 年，周恩来总理就用全聚德烤鸭宴请了来华访问的美国总统尼克松。不少外国客人不理解“全聚德”的含义，周恩来总理饶有兴趣地解释道，“全聚德”的含义是“全而无缺、聚而不散、仁德至上”，充分显示了周恩来总理的机智与才华。

名扬海内外的老字号“鸿宾楼”，号称“京城清真餐饮第一楼”。但说起来，鸿宾楼其实是一个有着 160 多年历史的天津老字号，1955 年应周恩来总理之邀，鸿宾楼堂头王守谦怀抱着鸿宾楼金匾，从天津来到京城。鸿宾楼迁移到北京后，经过几十年的斗转星移，反而成为老北京人津津乐道的老字号了！

作为百年名店，鸿宾楼对国内外的食客有着巨大的吸引力，除了精细、美味的饭菜和周到的服务外，欣赏鸿宾楼的三块名匾也是食客们频繁光顾鸿宾楼的重要原因。

清末天津两榜进士于泽久所书的金匾是鸿宾楼的“创业之宝”。这是一块至今还闪着金光的牌匾，相传是由二十两黄金装饰的。匾上“鸿宾楼”三个字苍劲有力、落笔传神，而且金匾本身还留下了三大谜：一是“鸿”字少了一点；二是此匾上下无款；三是匾后藏有一幅同治年间的工笔画。

著名书画家，雍正皇帝的第九代孙启功题写了鸿宾楼的第三块匾，这块匾的来历也非常有趣。1983 年的一天，末代皇帝爱新觉罗·溥仪的胞弟爱新觉罗·溥杰在鸿宾楼宴请日本外宾。溥杰也是一个知识渊博、热爱美食的人。他如数家珍地向客人们介绍了鸿宾楼的名品菜式，宾主皆欢。陪在一旁的鸿宾楼人员趁机向溥杰索要墨宝，请他题匾，溥杰毫不犹豫地答应了。几天后，他派人送来了为鸿宾楼写的一首诗，并自谦题匾是大事，他已转托书法名家启功题写。由此，鸿宾楼幸运地得到了溥杰的诗与启功先生的匾。溥杰先生的诗写道：

天安西畔鸿宾楼，每辄停骖快引瓯。

牛尾羊筋清真馔，海异山珍不世馐。

既餍名庖挥妙腕，更瞻故业焕新猷。

肆筵设席鲜虚夕，四座重泽醉五洲。

辉煌四化征途上，阔步长驱赖裹糇。

“都一处”烧卖是距今已有近 300 年历史的中华老字号，也是北京有名的百年老店，2001 年被中国烹饪协会授予“中华饮食名店”的荣誉称号。“都一处”字号非常独特，这个字号与匾额据说都是出自清朝乾隆皇帝之手。

据传，乾隆十七年（1752 年）的大年初二，乾隆皇帝微服出宫，体察民情。他四处游荡了一天，直到天黑还没回宫，碰巧肚子饿了，想吃点东西。那时，饭店一般不到正月十五不开业。乾隆发现一个小酒馆亮着灯，就走了进去，喝了热黄酒，吃了玫瑰枣、马莲肉、煮花生等小菜。由于饥肠辘辘，这民间菜肴吃起来格外爽口。乾隆笑问酒馆的字号，伙计回答说："买卖太小啦，没起字号。"兴致颇高的乾隆皇帝说道："大过年的，一路上就你一家开门迎客，就叫'都一处'吧！"

几天过去了，地方官员奉旨给小酒馆送御匾，匾额上写着"都一处"。喜从天降，店主恭恭敬敬地将匾悬挂了起来，"都一处"字号就这样产生了。京城内外成千上万的顾客慕名而来。在这间馆子里，既可以欣赏到皇帝御赐的匾额，又可以品尝到皇帝吃过的菜品，"都一处"想不兴隆都难。

目前我国各类老字号企业约有几千家，其中商务部第一批公布了中华老字号 434 家，第二批公布了 345 家。这两批中华老字号主要集中在医药、饮食行业，而同仁堂、全聚德就是其中的杰出代表。值得人们深思的是，改革开放四十多年来，老字号的发展形势也存在一些不尽如人意的地方，甚至有些老字号还出现了被日本、韩国等外国的企业抢注的现象。与时俱进，引进先进的管理经验与模式，开拓新的经营思路，是老字号未来发展的重要途径。同仁堂、全聚德在这方面都做出了成功的榜样。

第二章　招幌、商标话吉祥

招幌作为中国传统商业、店铺的标记，千百年来一直是中国商业习俗中的代表形式之一。与招幌相关联的商标，尽管在中国的历史同样很悠久，但直到近代之前也未获得与招幌同等的地位，甚至“商标”一词都是从西方引进的外来语。不过，无论是招幌还是商标，纵观古今中外，其设计大致是由文字、图形、字母、数字、三维标志和颜色共同组成的复合性标志，并且吉祥文化无不渗透于每个设计元素中，所谓“图必有意，意必吉祥”正是言此。

一、趣话招幌

中国自古就有重招幌轻商标的习惯。招幌作为传统行业、店铺的标记，千百年来一直是中国商业习俗中的表现形式之一。工商诸行业的业主们，借助于五花八门的实物或招幌模型来吸引人们的注意，不同行业用基本固定的标识，来达到推销物品和吸引消费者关注的目的。既有文字又有标识，形象生动、一目了然。

1. 招幌溯源

招幌是商品经济发展到一定程度的产物，尤其与坐贾的出现有直接关系。春秋时期，随着社会的发展和交易的日益频繁，集市和城市逐渐形成，坐贾大量涌现。坐贾们在固定的场所销售商品，单凭实物陈列就显得单调了一些，且有些东西也不适于风吹日晒。他们为了更好地招徕顾客，向人们传递商品和服务信息，就创造了形式多样的招幌。

招幌中的“幌”原指窗帘、帷幔，后引申发展为“望子”，并逐渐扩展为各种行业标记的专称。商业招幌是从悬帜、布挑广告发展演变而来的。“悬帜”在战国时期就已经出现，距今已有 3000 多年的历史了。《韩非子·外储说右上》中就有“宋人有酤酒者，升概甚平，遇客甚谨，为酒甚美，悬帜甚高”的记载。

宋朝时，随着商品经济的进一步发展，招幌大量出现。在画家张择端的《清明上河图》中，清晰可见的各类招幌有 20 多处，可谓招幌林立。细读中国古典小说《水浒传》，就会发现其中有许多关于宋代招幌的形象描写。

张择端《清明上河图》（局部）

《水浒传》第三回中描写潘家酒店“门前挑出望竿，挂着酒旆，漾在空中飘荡”。《水浒传》第四回言及花和尚鲁智深突然发现“杏花深处，市梢尽头，一家挑出个草帚儿来”，走近才发现这是一间小酒馆。此处的“草帚儿”就是指酒店招幌，因为“扫愁帚”曾是酒的代称。中国历史上那位善写诗却不善理国的南唐后主李煜就有“莫言滋味恶，一帚扫闲愁”的诗句，用“帚”来寓意酒。

《水浒传》与招幌有关的情节中最精彩的描述发生在第二十三回。好汉武松正急匆匆地走在回家的路上，突然看见前方小酒店“挑着一面招旗在门前，上写着‘三碗不过冈’”。店家设此酒幌的目的是为了提醒来往顾客，此处有好酒，但酒很烈请勿贪杯误事。然而，此酒幌深深地刺激了“自信一身能杀虎,浪言三碗不过冈”的英雄好汉武松，他接连喝了十几碗酒。所谓酒壮英雄胆，武松走到老虎出没的地方，赤手空拳打死了大老虎，留下了著名的景阳冈上武松打虎的故事。

中国酒文化源远流长，文人墨客们酒酣耳热后写出不少有关酒旗的诗词美文。如著名文人刘禹锡《堤上行》中有“酒旗相望大堤头，堤下连樯堤上楼”;著名诗人杜牧《江南春》中也有“千里莺啼绿映红，水村山郭酒旗风”的佳句，生动地描写了当时酒旗随风飞舞的景象；到元朝时，流行的元曲中更有一个曲牌名即称“酒旗儿”。酒旗就是较早的“幌子”。在古代，酒家们为了引起来往行人的注意，一般都是在酒家门口最高的地方挂着酒旗,即使行人距离很远也会一眼望见。

许多学者还认为“幌子”的称谓来源于“望子”这一早期酒旗的俗称。以明代学者周梦旸的考证为例，他在其著作《常谈考误·酒望》中考证道：“卖酒家有揭布帘、挂瓶瓢、标帚杆、系木牌者，俗并谓之酒幌子，非也。幌，本作望，悬此物欲人望而知之耳。”周梦旸提出“幌子”应是“望子”的别称，想来也有一定的道理。

招幌文化是中华商贸民俗文化重要的组成部分。近些年，随着传统文化的复兴，这些极富民族与地方特色的幌子又重新进入了人们的生活。比如，北京、天津、南京等地重建的古文化区，晋商与徽商故里的民俗文化街上，传统的招幌与现代化的广告同时出现，向人们展现了久违的传统商贸文化独特的魅力。

2. 琳琅满目的各式招幌

幌子可以分为实物幌与象征幌两种，而且不同行业相沿成习，形成了不同的幌子。顾客不用进入店铺，只看店铺门前或悬挂或放置的幌子就能清楚了解此店经营的商品。试想在交通工具非常落后的古代社会，人们出行的方式不外乎步行、骑马骑驴、坐轿子等几种方式。那些高高飘扬在空中的招幌，隔着很远的距离就提醒着他们前来购买消费。

不同行业的招幌可以归结为以下几类：

酒店：除了用酒旗外，还有的酒家在店外扎制酒坛子或挂酒葫芦，上面系一块红布穗条。因为古时用葫芦沽酒。传说用葫芦作为幌子与八仙中的张果老有关。

饭店：用一硬纸筒，形如面箩大小，缠上各色纸条，下垂纸穗，挂于店外。

画扇铺：门前挂精致的绢灯。

绒线铺：悬几色绒线圈缀以幌绸，或将各色绒线圈排若灯笼造型缀以幌绸。

客店：店外挂一把柳条笊篱，配一红布穗。这与早先客店晚饭只备面条的规矩有关。

水铺：旧时有到水铺买开水的习俗，故店外木牌上书“好白开水”字样。

理发店：门外挂的布幌或木幌上书“朝阳取耳，灯下剃头”或“开业大吉”等话语。

钱庄——挂一叠铜钱似柱状的模型，中间饰一大铜钱，上有“源流元宝”等字样，下系红布穗。

车马用品店——店外挂有鞭子、马鞍等车马用具。

烟店——方黑木牌，书或刻“烟魁”字样。“魁”即表示烟叶品质上乘。另有挂大烟袋为幌的。位于天津竹竿巷的最老的中和烟铺曾悬挂的“烟魁”招幌，有“天津第一幌”之美誉。

鞋店——有的用方木牌画高靴和平底鞋，也有的用木板制成靴之实物形状，挂于门外。

颜料庄——店外屋檐下排列有序地挂起长约60厘米、杯口粗细的大棒槌。棒子周身漆涂各色横道，在风的吹动下，棒子相互碰撞，发出清脆悦耳、类似木琴声的声音。天津有句歇后语曰“颜料店的幌子——花里棒子”。

修表店——在门前挂一个大表盘模型为幌子。

切面铺——挂一直径三四十厘米的圆桶，下部周围垂吊黄纸条，纸条时常更换。

澡堂——门外挂一块用生铁铸成的云牌，长约70厘米，宽约30厘米，水烧热后敲响云牌引人前来。也有立高木杆挂红纸灯笼的，门两侧墙上写“早有清水，盆池两便”字样。

当铺——多用黑漆木匾，方形，书或刻金字“当”。还有的在门外左右挂粗黑的辫子幌，下垂大钱模型。

中国早期的悬帜招幌形式基本相似，只是到后来才逐渐分化演变成多种样式。天津早期商号店铺广泛采用的布挑就是一种广告形式，具有常换常新、造价低廉、制作简便的特点。布挑多用彩布缝制，饰以布穗，用丝线绣上店号及宣传词句。

明清时代，招幌广告有了更为丰富的发展和应用。《西游记》的作者吴承恩在出游天津杨柳青后曾赋诗道："村旗夸酒莲花白，津鼓开帆杨柳青。"这里的村旗即村头酒店的招幌。清代诗人戴宽《天津冶春词》中也有"酒旗歌板城南路，别是西湖二月天"的溢美诗句。清代诗人樊彬《津门小令》中亦有"津门好，水陆好生涯，桂蠹文犀洋货局，天吴紫风估衣街，金粉认招牌"的记载。

招幌类别繁多，最早的招幌是实物招幌。如卖帽子的铺面门前挂上几顶帽子，卖线及毯子的铺面挂上几缕线或一张绒面毯子，修车铺前挂一车胎，水果摊前摆着切开的水果等，都属于实物招幌的范畴。实物招幌的好处是一目了然，印象深刻，特别容易辨认与记忆，而且简便易行，成本低廉。

实物招幌也有其局限性。比如，有些物品不能长时期摆放，像食品、蔬菜就不易长时间地日晒雨淋；酒、油、盐之类难以用实物展示；江湖郎中、艺人、工匠没有合适的实物幌；综合性商店、大型物品与极小物品也无法用实物显示。鉴于此，模型招幌、象征招幌、文字招幌也相继产生。

模型招幌是将商品实物放大、夸张或变形处理后，作为实物的替代品展示的招幌。有的铺面会用一些耐用的材料，做一些产品的模型进行长时间地展示。如蜡烛店悬挂的木制彩色蜡烛、鱼店的木制大鱼、皮鞋店门口的巨大塑胶鞋等，都是模型招幌。

象征招幌是招幌中比较多的一种。前面提到的酒旗、各行业招幌基本上都属于象征招幌的范畴。象征招幌又可分为借代性招幌、隐喻性招幌、摹绘性招幌几个类别。油店的油篓幌等都属于借代性招幌；

旅店门口挂笊篱、接生婆门前的大红鞋都属于隐喻性招幌；清真饭店前绘有壶、瓶等精美图案的画牌就属于摹绘性招幌。

文字招幌即在招幌上书写文字作为招徕标识，有单一性文字招幌和复合性文字招幌两类。卖家直接在木牌、铜牌或布、纸上写上与经营物品相关的字或短语，是单一性文字招幌；假如在特定的行业幌子上再书写上相关的文字，或实物招幌配以文字招牌，就构成了复合性文字招幌。比如，当铺写在木牌、墙壁上的“当”字就属于单一性文字招幌；眼镜店悬挂一个巨型眼镜模型，上书“眼镜”两字，即为复合性文字招幌。

招牌是店铺经营者为招徕顾客，把一些与所从事的行当相关的文字与图形绘制在木板、铁板、铜板或布匹上而做成的牌匾。招牌有些是文字的，有些是图画的，但更多的是文字与绘画兼有。一个招牌应当具备三个条件：一是户外招徕标识一般是行业标识；二是采用牌的形式；三是上有书写的文字或兼绘图画。

招幌的应用价值在于“悬此物欲人望而知之”，所以其首要特点在于醒目，能够在荒郊野外或繁华闹市引起人们的注意，大多用黄、红、绿等吉祥明快的色彩；再是运用实物或约定俗成的标识物，其经营品类能够让人一望而知，如酒馆招幌用酒坛子或扫帚，药店招幌用葫芦；三是具有吉祥意蕴，让人看到招幌心里舒服，乐于接受。如大名鼎鼎的中华老字号“内联升”的招幌，上面有“内联升”三个大字，下面绘制着云卷托靴鞋，寓意步步高升、步步青云，与字号相合，吉祥意蕴十分明显。

招牌放置的样式也是很有讲究的，常见的有竖放式、横放式、坐式和壁式（或墙式）四种。林岩等人编著的《老北京店铺的招幌》中，对这几种招牌放置的样式有详细的描述：“招牌的形制可分为竖招、横招、坐招和墙招四类。竖招是将竖写木牌、铁牌挂于墙、门或柱上。横招或是在门前牌坊上横题字号，或在屋檐下悬挂巨匾，或将字横向镶于建筑物上。坐招是设置在店铺门前或柜台上的招牌。明代以前坐地式招牌比较常见。墙招是在店墙上书写本店的经营范围和类别，是宣传广告的常用形式，如清代澡堂常常在墙上题写‘金鸡未唱汤先热’的字句。”

随着时代的进步和商业的发展，招幌本身已经渐渐淡出了人们的视野，人们除了在仿古一条街之类的地方或许能够见到，繁华闹市中已经基本见不到招幌了，但招幌所蕴含的文化意义和商业价值，仍可引起人们的持续关注。

二、漫说商标

与中国传统商贸领域中特有的、多姿多彩的招幌不同，商标是从西方引进的舶来词。商标是由英文“Trademark”翻译过来的。“商标”一词在中国的出现还有着极其特殊的历史背景，因为它与近代史上西方国家对中国的侵略联系在一起。“商标”这个舶来词在中国最早出现于 1840 年鸦片战争后，腐败的清政府被迫与西方帝国主义列强签订的一系列不平等通商条约中，其中一个重要的内容就是清朝政府必须保护西方诸国的商标权益。

1.“商标”是个外来语

从概念上来说，“商标”是指生产者、经营者为使自己的商品或服务与他人的商品或服务区别开来，而使用在商品及其包装或服务标记上，由文字、图形、字母、数字、三维标志和颜色组合以及上述要素的组合所构成的一种可视性标志。

虽然“商标”一词是个外来语，但是中外商标的渊源是具有共性的。许多学者认为，商标起源于原始部落或个人信仰的象征符号，例如古人曾用圆形表示宇宙的无限性，圆形也多次出现于早期标识中。台湾大学法学教授曾陈明汝在其专著《商标法原理》中提出：“商标之使用追溯自人类有交易生活开始。中国、腓尼基、希腊、罗马等文明古国乃最早使用商标之国家应无可置疑。”[①]

上述文明古国在很久以前都在各种陶器、金属器具和手工制品上使用各种标记，以便官方征税或用于作坊主与工匠之间记账，而且做这种标识在某种意义上说是具有强制性的。法学家郑成思在其著作《知识产权论》中曾举了这样一个例子，在公元前 3500 年的埃及古墓中，考古学家发现在陶器上标示着制作陶工的姓名，这是迄今为止发现的世界上最早的陶工标识，可以看作早期商标的萌芽。

商标是商业发展的产物。就对商业的重视度而言，中国与西方国家的差异是显而易见的。这种差异的渊源又可以追溯到东西方两种文明形态的不同。从文化形态上看，中国文化是植根于大规模灌溉农业基础上的农业文明，几千年，大一统的中央政府实行的是“重农抑商”政策，这在一定程度上限制了商业的发展。所以尽管中国文明产生很早，商业发展水平也很高，并在上千年的时间里处于世界领先水平，然而单就商标发展而言，中国是落后于欧洲的。以商标立法为例，直到 1904 年，中国晚清政府在西方殖民者的胁迫下，才通过了中国历史上第一部与商标有关的法律，主要目的还是为了保护殖民者的商标权。从中国近代到中国现代初期，中国民族工商业在本国封建主义与外国资本主义的夹缝中艰难生存，从来没有发展成经济的主导力量。

新中国成立后，因为实行严格的计划经济体制与自上而下的国营商业经济体系，传统意义上的商业及商标发展相对缓慢。1978 年中国实行改革开放后，商业发展迅速，民营经济、外资与合资经济、市场经济日益成为中国经济不可或缺的重要组成部分。20 世纪末，我国开始了社会主义市场经济建设，工商业的地位提升到了前所未有的高度。进入 21 世纪，中国商标注册业出现突飞猛进的发展态势，商标注册的数量与质量迅速上升，法律与法规也越来越健全，中国也迅

① 曾陈明汝：《商标法原理》，中国人民大学出版社，2003，第 4 页。

速成为世界第八大商标注册国。经过多年的发展，中国已经建立起了比较完善、具有中国特色的著名商标与驰名商标认证制度。可以预见，随着中国经济的持续高速发展，中国商标业必将进入一个新的发展阶段。

与招幌相比，上升到法律高度的商标有许多不同的特点，譬如商标的独占性、价值性与可转让性。其独占性表现于商标所有人对其商标具有专用权，未经注册商标所有人许可，他人使用就是一种会受到法律制裁的侵权行为；其价值性体现于每个商标都具有可评估的价值，商标代表着商标所有人生产或经营的质量信誉和企业形象，其价值可以通过评估确定；商标所具有的可转让性表现在，如经商标所有人同意，可有偿转让或许可他人使用。

民俗学者王翔所著的《老商标的故事》中曾指出，现代商标具有五大特征：识别性、传达性、审美性、适应性、时代性。其中，识别性是商标最基本的功能，即每个商标都具备独特的个性，要求特色鲜明、视觉冲击力强，绝不允许雷同混淆；传达性是指注册人通过商标来表达明确的商品信息，包括企业的经营理念、产品性能用途等，这就要求商标要同信号一样确切、易于辨识；审美性是要求商标图案要具有对消费者的吸引力，应该简洁、易读、易记，具备简练清晰的视觉效果和一定的感染力；适应性是指商标还必须适应不同材质、不同技术、不同条件的要求，无论黑白彩色、放大缩小都能完美地展示出来；时代性是指商标具有永恒性，不会随时代变化轻易被淘汰。这也意味着并非所有的特色性标志都可以作为商标使用。譬如，各国政府都规定本国的国名、国旗、国徽、军旗、勋章等，以及政府机关所在地名称或者标志性建筑物的名称、图形等都不能在商标中使用。一些公认的国际组织名称及图形、县以上的地名或有知名度的外国地名都不能被使用到商标中。当然，已经注册成功的地名商标除外。

2. 古代的标识类商标

中国作为一个商贸发展历史悠久的国家，尽管近代才出现“商标”

这一称谓，但是具有商标功能的标识在中国出现可以追溯到两千多年前。东周时期就出现了铸有“干将”“莫邪”之类印记的宝剑，还出现了用酒的祖师爷杜康的名字命名的“杜康”酒，可以看作商标的萌芽。战国时期的经济发展带来了多种行业的产生，并出现了一些用于商品交换的市场。手工业者为了在商品交换流通中避免与别人的产品混淆，同时也为了应对官府的检查，就开始在商品的包装上用生产者姓名、姓氏及产地作为印章和印记。如长沙马王堆出土的泥封上刻有“侯家丞”的字样；在出土的楚国铜器上，也有标明“工”“冶师”等商标标识物；在秦始皇兵马俑中，有些陶俑上就刻有制作工匠的名字。

宋代是我国商品经济相对发达的时期，商标的使用已相当普遍。至迟在北宋时期就已产生了包括文字和图形的图文并茂的商品标识。此时出现了迄今所发现的中国历史上第一个商标——北宋时期山东济南“刘家功夫针铺”的“白兔儿”图形铜板，这是中国至今发现使用最早、图形最为完整的商标图板。此铜板为宋代济南刘家针铺印记，铜板文字分上中下三部分。上部文字为“济南刘家功夫针铺”；中部文字为“认门前白兔儿为记”；下部文字为“收买上等钢条，造功夫细针，不误宅院使用，转卖兴贩，别有加饶，请记白”。堪称图文并茂。此商标弥足珍贵，现存于中国国家博物馆。

商标的产生是商品经济发展的产物。为了打击假冒制劣者，商贩们特别注意创造具有自己特色的商品标记。宋话本《勘皮靴单证二郎神》中就有类似的描写。冉贵从一只靴子衬里搜出一张上面写有“宣和三年三月五日铺户任一郎造”字样的纸条来。为了对这一商标负责，铺户任一郎的家里特设一本“坐簿”，所有他定制的靴子，都在“坐簿”上写明。同时，在皮靴里面也有一张条，字号与“坐簿”上一样。“只消割开这靴，取出纸条儿来看，便知端的。”这一做法对商家与消费者都是有利的。宋话本《碾玉观音》中提到工匠崔宁做的玉观音下面就刻有“崔宁造”三个字，以示区别。

许仙与白娘子的故事是在中国流传很广的爱情故事。宋话本《西湖三塔记》就有类似的记载，后冯梦龙将《白娘子永镇雷峰塔》收入其所编《警世通言》，其中的一个情节就与标识有关。男主人公许仙外出时遇雨，在三桥街向开生药铺的李将仕借把伞用。伞主把伞给许仙时，为了防止许仙将来还错了伞，特意强调："小乙官，这伞是清湖八字桥老实舒家做的，八十四骨，紫竹柄的好伞，不曾有一些儿破，将去休坏了，仔细！仔细！"这段对于这种伞标识的描写颇为形象。

古代标识也是商品质量和商家信誉的化身。宋话本《志诚张主管》有一个有关商标"花栲栳"的故事。主人公张胜无钱度日，他母亲拿出家里珍藏已久他父亲做生意的标记——"花栲栳"。张胜在家悬挂"花栲栳"的标记，开起了胭脂绒线铺。张胜的父亲生前善于经营，已使张家的"花栲栳"标识深入人心，因而，张胜使用这个标识后，生意也非常不错。"花栲栳"是一个用竹篾或柳条编制而成的圆形盛物器具，兼具商标与招幌的功能。

与现代商标对比，中国古代的商标更多地体现了商标的文字商标功能，比如字号、印记等。像北宋年间济南刘家功夫针铺铜版那样图文并茂的商标比较少见，更不用说文字与图案并重、多元因素并存的组合型商标了。这一情形直到元、明乃至清代中叶之前仍没有太大的变化，这既与以往中国"重招幌轻商标"的传统有关，更与中国古代推行"重农抑商"政策使商品经济始终未能突破自然经济的限制有关，因而近代之前中国商标的发展从总体上看远远落后于西方。

3. 近代商标及其法律体系

1840 年，西方列强用炮火轰开了古老中国闭关锁国的大门，经济的侵略与扩张成为资本主义侵略的重要组成部分。为了抢占更大的中国市场份额，西方列强一直把在中国建立近代商标注册制度列为重要一环。正是在帝国主义列强的压力下，由光绪皇帝钦定、英国人赫德起草的我国第一部商标法规——《商标注册试办章程》，于 1904 年正式出台。根据这一章程，天津和上海两个海关分别成立商标挂号分局，两地在 20 年间共受理中外厂商商标挂号 3 万余件，其中绝大多数是为外国厂商办理的。

在帝国主义列强与清政府的双重压制下，近代中国民族工商业及其商标的发展步履维艰。目前发现的有文字记载的最早被清政府批准使用的商标，是1890年的“渭水”商标。这是当时上海“五金大王”叶澄衷所创办的上海燮昌火柴公司申请的商标。燮昌火柴是叶澄衷为实业救国而开办的企业，是当时闻名全国的火柴名牌。“渭水”商标取自于民间“姜太公钓鱼，愿者上钩”的故事，其图案是姜太公和周文王在陕西渭水河边戏水钓鱼的情景。

1923年5月，北洋政府正式成立了我国历史上第一个商标局，其间还颁布了新的商标法。至1928年6月，经该商标局核准注册的商标有2万多件，当然外国商标在其中还是占了较大比重。其中，我国近代著名实业家荣宗锦、荣宗铨兄弟创办的江苏无锡茂新面粉公司申请注册的“兵船”牌商标，是中国商标注册史上记录的第一号注册商标。此商标上部是企业的中英文名称，中间是商标名称“兵船”两字以及一艘乘风破浪的兵船的商标图样。两边还写有“中国自制顶上面粉”和“商部批准概免税厘”，最下面是面粉的一些英文说明，包括每袋面粉重量、规格，如有质量问题，保证退款等。“兵船”商标看上去相当具有现代感，命名简洁、易懂，图片贴切，有商品说明和诚信承诺，还使用了英文，与当时洋货热销的形势很切合，标志着当时中国的商标已经达到了一个前所未有的高度。在1926年美国费城举办的商标博览会上，“兵船”商标获得了荣誉奖。

1894年，张弼士创办的张裕葡萄酿酒公司申请了我国最早的葡萄酒商标——“双骐麟”牌。1914年与1915年，张裕葡萄酿酒公司的“双骐麟”牌葡萄酒分别在南京举办的商品陈列赛会上获得最优等奖和在巴拿马太平洋万国博览会上获得金质奖章及最优等奖状，成为世界级名牌，为中国商标争取了巨大声誉。此商标图文并茂，有鲜明的民族特色。

1919年诞生的上海马利工艺厂是我国最早生产西洋画颜料的厂

家。它所申请的“马头”牌商标也是一个既有文字又有图形、非常完整而优秀的商标。难能可贵的是，“马头”品牌发展至今仍是国内美术颜料市场上响当当的名牌，堪称中国商标史上的奇迹。

1932年，梅林食品厂的番茄沙司带着“金盾”的商标出现。梅林食品厂是一个为适应外国人的饮食习惯而创立的与外商竞争的中国企业。企业的营销非常成功，它的产品不仅打开了中国市场，而且在东南亚各国也很畅销，同时还进入美国和西欧市场。商标图案上使用梅林的音译“MALING”，便于外国消费者购买。商标上有金色的盾牌图案，是一个很完备、优秀的商标。

诞生于1928年的上海五和针织厂由五个志同道合的大学生创办，“五和”取“和气生财、团结致富”之意。五人都是宁波籍，在宁波话中，“鹅”与“和”谐音，所以他们生产的汗衫、棉毛衫等内衣产品就命名为“鹅牌”。此品牌内衣质量过硬、价格合理，一经推出就风行全国，不仅成功地抑制了洋货，德国礼和洋行还购买“鹅牌”产品，改换成自己的商标，然后冒充洋货转而投放中国市场。为了防止类似事情发生，“鹅牌”注册了自己的商标，由五棵扎在一起的禾苗组成的“五禾”商标、五朵荷花组成的“五荷”商标以及五只戏水的白鹅组成的“五鹅”商标组成，表示创始人不忘其“和气生财、团结致富”的良好初衷，商标设计也颇有传统文化中的吉祥寓意。[①]

注册于20世纪40年代的“Smart”（司麦脱）牌衬衫商标借鉴了外来的文化因素。当时，洋货衬衫垄断着我国衬衫市场，但因其价格昂贵，普通的中国百姓根本无力购买。上海新光标准内衣制造厂决定生产既被国人接受、又受国人欢迎的衬衫。注册商标时，为了迎合当时不少人追求洋货的心理，选用了意为“整洁而漂亮的”单次英文的“Smart”。“Smart”的中文谐音“司麦脱”读来也颇为顺口，产品销路

① 参见左旭初：《中国商标史话》，百花文艺出版社，2002，第24-25页。

颇佳。

截至 1946 年 5 月，全国有注册商标 5 万余件，其中仅上海一地就接近 4 万件。

新中国成立后的第一个商标法规是 1950 年由中央人民政府政务院颁布的《商标注册暂行条例》。1982 年，全国人民代表大会常务委员会通过了比较系统的《中华人民共和国商标法》。1993 年、2001 年及其后，全国人大常委会又多次对《中华人民共和国商标法》进行修正与补充。2006 年通过了新的《中华人民共和国商标法》，建立了完整的商标法律、法规体系。

1989 年，中国加入了《商标国际注册马德里协定》及《商标国际注册马德里协定有关议定书》，中国商标体系实现了与世界的接轨。“马德里体系”是得到世界承认的国际商标体系，已经拥有百年的历史。此体系的特点是在商标申请注册中只用一种语言（英、法或西班牙语）、一种货币（瑞士法郎），并支付费用就可在 77 个国家和欧盟得到保护。中国加入后，迅速成为“马德里体系”第八大注册国，并很快成为世界最大的国际商标指定保护国。2006 年 10 月，中国广东省潮州市枫溪金百川瓷艺厂申请注册的国际商标，成为“马德里体系”第 90 万个注册国际商标。

据中国国家工商行政管理总局统计，截至 2006 年底，中国共核准注册商标 26 万件，注册商标累计已达 276 万件。从 2007 年开始，中国在马德里体系中提交的申请商标数已占世界第一。可以见得，随着中国市场经济的进一步发展，中国商标无论数额还是价值，都会得到长足的发展。

三、招幌、商标中的吉祥意蕴

无论是古代招幌还是现代商标，其设计大致都是由文字、图形、字母、数字、三维标志和颜色等多种元素共同组成的。在中国招幌与商标的设计中，吉祥文化渗透于设计元素中，所谓“图必有意，意必吉祥”正是言此。

中国作为世界文明的发源地之一，有着既深厚又灿烂的历史文化。中国传统吉祥图案，是中国传统文化中最美丽、最华彩的篇章之一。这些吉祥图案巧妙地把吉祥人物、吉祥动物、吉祥植物、自然现象、神话传说糅合在一起，利用借喻、比拟、双关、谐音、象征等手法，将福善之事、嘉庆之征诉诸图画，创造出一批批既富有民族特色，又蕴涵世世代代中国人吉祥企盼的美好图案，表达了中国人对幸福美满生活和财富的期盼与向往。可以说，传统吉祥图案有着超越时代、极为强劲的旺盛生命力。

1. 吉祥动物与神灵在近代商标中的运用

吉祥动物经常出现于商标设计的吉祥图案中，其中最典型的例子是近代爱国企业无锡协新毛纺织厂使用的“三阳开泰”商标。1938年，协新毛纺织厂注册登记了“三阳开泰”商标。当时，其产品备受消费者的推崇，起到了抑制洋货、实业救国的作用。面对日本人的威胁，协新毛纺织厂老板唐君远表现出以国家为重、“在商言国”的风范。当时，占领无锡的日军胁迫唐君远的毛纺织厂与日本企业进行“联合经营”，企图吞并协新厂，并以炸厂相要挟，被唐君远断然拒绝。恼羞成怒的日军将唐君远关押了半个多月，唐君远也没有屈服，其大义凛然的爱国风范在商界传为佳话。

“三阳开泰”也叫“三羊开泰”“三阳交泰”。吉祥图“三阳开泰”绘制的是三只羊与一个太阳。“羊”与“阳”，“太”与“泰”都是谐音字，而且在古汉语中，“羊”与“阳”通用。《太平御览》引《新言》说：“是月（三月）草木萌，羊能啮草，鸡啄五谷，故悬二物助阳气。”意思是冬去春来，阴消阳长，蕴含新年复始，万物复苏。明清之际非常流行这个吉祥图案。

中国古代还经常用“吉羊”来取代“吉祥”，把“羊”与“祥”通用。羊作为家畜，外表可爱、性情温顺，颇讨人喜爱。“羊羔跪乳”的典故，在受“百事孝为先”的儒家文化影响颇深的中国也流传甚广。西汉大思想家董仲舒在《春秋繁露》中说：“凡贽，乡用羔。羔饮之其母必跪，类知礼者。羊之为吉祥，故以为贽。”这段话的含义是，过去人们经常把小羊作为送给长辈的礼物。因为小羊是一个懂礼而吉祥的动物，为了感激母亲的养育之恩，总是跪着吃母乳。因此在中国吉祥文化中，原本普通的家畜——羊成了“祥”的代名词。

“福禄寿喜”之类的吉祥图案是中国民间最为广泛、最为喜闻乐见的题材之一。近代商标中就有一个“福禄寿喜”的商标。这是一个呢绒厂商标。商标图案上两边的文字有“国货”“自纺”“自织”“自染”等抵制洋货、提倡国货的内容，与当时反对西方资本主义国家对中国进行的政治、经济侵略的特殊形势联系在一起的。

“福禄寿喜”自古即传统吉祥文化的重心，也是人们的共同追求，它是对中国古代神话传说中四个最吉祥的神灵——福神、禄神、寿星、喜神的合称。

福神为执掌祸福、赐人以福的神灵。道教中地位颇高的三官大帝——天官、地官、水官，分治天、地、水三界，其中天官主管为人赐福，被封为福神。当然福神所掌握的“福”的意义是很宽泛的。中国素有“五福”之说，即“一曰寿、二曰富、三曰康宁、四曰好德、五曰考终命”。“天官赐福”永远是绘画的主题,蝙蝠的“蝠”字与“福”字谐音，所以天官赐福画上的吉祥动物就是蝙蝠。农历正月十五日是上元节，据说是天官降临人间，赐福百姓的好日子。上元节前后，各家店铺都会张贴天官赐福的装饰图案。

“禄”是古代官吏的薪俸,禄神是主管人的“官禄”“俸禄”“禄位”的神灵。因为“鹿”与“禄”谐音,鹿就成了禄的象征。在中国古代，温顺、美丽的鹿早就被奉为瑞兽，有“千年为苍鹿，又五百年为白鹿，复五百年化为玄鹿”的传说。把鹿与蝙蝠组成图案，正好构成了吉祥图“福禄相连”。

寿星指二十八宿中的星宿。西汉史学家司马迁的《史记·封禅书》

中有“寿星盖南极老人星也，见则天下理安，故祠之以祈福”，即人们祭祀寿星南极老人以祈福求寿。

喜神的形象比较少，但民间都相信，在新娘上轿时，轿口必须对准喜神所在方位略停，寓意“迎喜神”。

吉祥语“五星高照”是在以上四个吉祥的神灵外，又加上了财神爷。发财致富是人类永恒的追求，庙宇供奉的诸多神灵中，财神爷的香火尤盛。

2. 现代商标中吉祥动物的运用

凤凰卫视的台标是现代商标中巧妙借用传统吉祥动物图形的典范之作。台标借用了古代彩陶上的凤凰造型，贯彻了中国艺术中一向追求的“似与不似”的美学意境，用现代的传媒观念对传统凤凰造型加以改造、提炼和运用，用两只振翅高飞、铿锵和鸣的凤凰形象，表达了从业者对卫视未来发展的美好期许。台标采用了中国特有的“喜相逢”的结构形式，用两只飞翔盘旋的凤凰形象，代表了东西方不同文化之间、内地与香港文化之间的融会贯通。

凤凰是中华民族古代传说中的神鸟，号称百禽之首，是中华民族自古以来崇拜的吉祥鸟。古籍上记载每当凤凰在蓝天中展翅飞翔时，总有成千上万只各种各样的鸟儿追随着它。这只神奇的鸟在哪里出现，就给哪里带来安乐与祥和。

中国古人创造了龙与凤凰这两种无所不能的吉祥动物。“龙飞凤舞”是中国古代图腾崇拜的结晶。在中国传统文化中，龙专用于男性，而凤专用于女性。如今还流传着“盼子成龙”“盼女成凤”的俗语。

据说凤凰是一个集天地之精华的通灵之物。《韩诗外传》记载：“凤象鸿前而麟后，蛇颈而龟尾，龙文而龟身，燕颔而鸡喙。”又有一说认为凤凰的头像天，眼睛像太阳，背像月亮，翅膀像风，足像地。画作中的凤凰类似孔雀，但其羽毛颜色更加绚丽多彩。凤凰的生活习性非常独特，它不啄活虫，不折生草，不群居，不乱飞，非竹食不食，非醴泉不饮，非梧桐不栖。因此才有“家有梧桐树，引来金凤凰”之说。

中国国际航空股份有限公司简称“国航”，它的企业标识就是一只艺术化的凤凰。凤凰的旁边有英文“AIR CHINA”,凤凰下方是“中国国际航空公司”中文字样，整个图案简捷大方。国航人利用凤凰这种传说中的吉祥鸟作为标志，寄托了希望国航带给人们吉祥与幸福的愿望，同时也期盼国航有凤凰般华丽的未来。标志中凤凰的颜色为中国传统的大红色，具有吉祥、圆满、喜庆、幸福的寓意，寄寓着国航人对社会、对顾客、对公司真挚的关怀与祝愿。

许多航空公司标志的设计都不约而同地选用了吉祥的鸟类。比如，中国东方航空公司的标志上就绘制了一只展翅飞翔的燕子，燕子位于整个标志的中心，燕子下面是“中国东方航空公司”的汉字与英文翻译。在色彩处理上，上半圆用红色，下半圆用蓝色，营造了旭日东升、海天一色的场景，充分地展示了中国东方航空公司所特有的中国、东方、航空的丰富内涵。

四川航空公司选用了在大海上高傲飞翔的海燕作为标志，代表公司不畏困难、勇往直前的气概；厦门航空公司的标志是仰头飞翔的白鹭。两个航空公司的标志都选择了蓝色，表达了希望可以翱翔长空的气魄。上海航空公司的标志选用的是展翅飞翔的燕子；新疆航空公司选用的是被新疆人民看作吉祥、幸福象征的天鹅；西南航空公司的标志选用的是博风击雨、傲骨凌云的雄鹰；新华航空公司选用的标志则是手形的鸽子。

燕子自古以来很受人们青睐。燕子随季节变化而迁徙，喜欢成双成对，在屋檐下筑巢。燕子在谁家垒窝，就预示着谁家家业兴旺、团结和睦，“双燕闹春”寓意婚姻美满。

燕子于春日北来，秋日南归，因而很多诗人都把它当作春天的象征加以美化和歌颂。

燕子

南宋词人史达祖以燕为词，在《双双燕·咏燕》中写道："还相雕梁藻井，又软语商量不定。飘然快拂花梢，翠尾分开红影。"对燕子的描写形神俱似。燕子还是事业发达、学业有成的象征，所以科举时代人们用"杏林春燕"寓意进士及第。

燕子素来雌雄颉颃，因此成为坚贞爱情的象征，"思为双飞燕，衔泥巢君屋""燕尔新婚，如兄如弟"都是有情人寄情于燕、渴望比翼双飞的美好比喻。张岱年先生在其著述的《中国思维偏向》一书中曾写道："整体、直觉、取象比类是汉民族的主导思维方式。"花鸟虫鱼，无不入文人眼中，飞禽走兽，莫不显诗人才情。由此，燕子也成为中华民族传统文化中一个象征事业成功、爱情美好的吉祥动物。

仙鹤号称"一品鸟"，是官居高位的象征，明清时代一品官的官服上绣的就是仙鹤。在古代神话和民间传说中的仙鹤，从外形上是大家熟知的丹顶鹤。它是一种生活在沼泽或浅水地带的大型候鸟，常被人冠以"湿地之神"的美称。丹顶鹤性情高雅，形态美丽，素以喙、颈、腿"三长"著称，直立时可达一米多高，裸露的朱红色头顶，好像一顶小红帽，因此得名丹顶鹤。丹顶鹤在选择终身伴侣时，雄鹤主动求爱，引颈耸翅，总是"嗝嗝"叫个不停；雌鹤则翩翩起舞，报以"嗝啊嗝啊"的回答。双方对歌对舞，你来我往，一旦婚配成对，就偕老至终。

丹顶鹤羽色素朴纯洁，体态飘逸雅致，鸣声超凡不俗，在《诗经·鹤鸣》中就有"鹤鸣于九皋，声闻于野"的精彩描述。丹顶鹤的寿命很长，因而又成为高雅、长寿的象征，在诗词和中国画中，常被文学家、艺术家称颂。自古以来，人们常把它同松树绘在一起，称之为《松鹤图》，以此作为长寿的象征。

松鹤图

天鹅美丽高贵，全身羽毛洁白，

游泳时脖子经常伸直，两翅贴伏，体态优雅，古往今来天鹅成了纯真与善良的化身，是极具观赏价值的珍禽品种。天鹅是候鸟，天鹅来了，万物复苏，农业丰收，百业兴旺；天鹅去了，万物萧条，寒冬来临。因此，天鹅一直被人们看成幸福和吉祥的天使。“天鹅”的称谓最早出现于唐朝李商隐的诗句“拔弦警火凤，交扇拂天鹅”。柴可夫斯基的舞剧《天鹅湖》、安徒生的童话《丑小鸭》也都是关于美丽的天鹅的故事。世界各国以天鹅命名的商品更是数不胜数。

江苏无锡小天鹅股份有限公司是国内著名的上市公司，旗下子公司众多，主要生产经营洗衣机、空调、冰箱、洗碗机、干洗机等家用或商用电器产品。其商标是一只蓝色的振翅欲飞的天鹅形象，象征着企业一飞冲天、蓬勃向上的未来。

中国邮政的标志是中国汉字与动物形象的完美组合。该标志的基本元素是中国古写的“中”字,将大雁飞行的动势融入标志的造型中，巧妙地借用了“鸿雁传书”这一中国古代典故。此标志准确地体现了中国邮政服务千家万户，快捷、准确、安全、无处不达的企业形象。

鸽子性情温顺、忠诚可靠。在世界各地，鸽子都是寓意和平的吉祥物。公元前 3000 年左右，埃及人就开始用鸽子传递书信了。我国也是养鸽古国，在这方面有着悠久的历史。隋唐时期，在我国南方的广州等地已开始用鸽子通信。在遥远的过去，鸽子还曾被人们看成是爱情的使者。在古巴比伦，鸽子乃法力无边的爱与育女神伊斯塔身边的神鸟。如今，鸽子又赢得了“和平鸽”的美誉，成为世界和平的象征，其吉祥含义不言而喻。

中国电信企业标志选用“中国”的英文“China”首个字母 C 的变化体。两个相交的 C 的组合，似张开的双臂，又似充满活力的牛头和振翅飞翔的和平鸽，具有强烈的时代感和视觉冲击力。和平鸽又称信鸽，正好符合电信业传递信息的宗旨。此标志还传递出中国电信与用户手拉手、心连心的美好情感。

3. 吉祥纹样在现代商标中的运用

吉祥文化的广泛性还在于人们能让普普通通的灯笼、绳子、鞭炮、古钱、风、云、水、电、火等，经过人的加工、想象，有了特殊的吉祥含义。比如，近些年用绳子制成的中国结就很是红火，不仅成为节日与喜庆场合不可或缺的装饰品，还走出国门，成为中国文化的重要象征。其实，中国结就是传统图形“盘长”的变种。盘长是用颜色各异的绳子曲曲折折、反反复复编织而成，象征着个体生命或集体事业的连绵不断、永久恒长。

中国结与佛教法物“八吉祥”有关。“结”是“八吉祥”中盘长的俗称。中国作为一个深受佛教影响的国家，佛教法物“八吉祥”拥有极尊贵的地位，“八吉祥”法物都是受人摩拜的神佛们佩戴的吉祥物，包括法螺、法轮、宝瓶、宝伞、莲花、华盖、金鱼和盘长。“盘长，佛说回环贯彻，一切通明之谓”，因此盘长有着“源远流长，生生不息”的吉祥含义。盘长图案复杂，有“万代盘长”“百吉盘长”“四合盘长”“梅花盘长”等多种图式，每一种都寓意美好。

在传统文化中，“结”代表了“义结同心”“结盟”“团结”等美好意义，这都是现代企业发展壮大不可缺少的因素。因此盘长结这种吉祥纹样深受人们的喜爱，无论是居家还是在各类公共场所，人们都喜欢悬挂中国结。尤其是逢年过节，中国结都是热销产品。因此，中国结反复出现在现代商标设计中就不足为奇了。

中国联通的标志就是由盘长纹样演变而来的。盘长造型使用的是四个方形、六个圆形、十个空穴。在传统文化中，一些具有特殊意蕴的双数也是吉祥的标志。四个方形表示联通的事业四通八达、事事如意；六个圆形表示联通的未来路路相通、处处顺利；十个空穴表示十全十美、圆圆满满。

漂亮的中国结

中国联通标志中迂回往复的线条象征着现代通信网络，寓意着信息社会中联通公司的通信事业井然有序、八方畅通，同时也象征着联通公司的事业无以穷尽、日久天长。盘长标志造型上还有两个明显的上下相连的“心”，它展示着联通公司的宗旨：永远为用户着想，与用户心连心。标志的颜色是中国红，代表了热情、奔放、活力，是中国最具代表性的喜庆色，是快乐与好运的象征。红色与企业崇尚活力、创新、时尚的定位也非常吻合。图案下的中国联通的中英文书写用的是黑色，这是一种比较高贵与稳重的颜色，同时也最适合与红色搭配。

曾任国际奥委会主席的罗格评价 2008 年北京奥运会为奥运史上最成功的一届奥运会，每个环节都可以称得上极尽完美。其中，北京奥运会申奥标志就是现代标志设计中的一个经典之作。该标志整体结构也是取自中国的传统吉祥图案“盘长”，用盘长的纹样和中国书法、绘画特有的介于似与不似之间的写意手法，将奥运五环营造出形似打太极拳的动感姿态。

北京申奥标志线条优美、和谐，蕴含力量，寓意世界各国人民之间的团结、合作和交流。此标志恰到好处地传递出积极向上、团结合作等含义，既展现了中国特有的深厚文化底蕴，又体现了友谊、团结和和平竞争的奥林匹克精神。具有浓厚中国传统文化色彩的北京申奥标志，为北京奥运会的成功申办做出了巨大贡献，并随着奥运会的成功申办，成为世界人民喜闻乐见的标志设计经典之作。

北京申奥标志

与盘长类似的因为意象美好而成为传统吉祥纹样的还有很多，如古钱、云纹、方胜、如意、元宝、寿字、龟背、喜字、八卦、银锭、万字等等，数不胜数，它们都有特定的吉祥意义，如纳福迎新、平安如意、事业发达、长寿多福、升官发财等美好含义。这些传统吉祥图式纹样既被广泛地运用于建筑装饰，同时又是室内家具、摆件的重要素材。如今，随着传统文化的复兴，作为吉祥符号的传统图式纹样被广泛地运用于现代商标的设计中，突出了商标的中国文化特色，使中国商标在世界商标中独树一帜，具有独特的魅力。

中国各类银行标志设计都颇具中国特色，因为银行经营与货币相关的金融业务，所以基本上借用了中国古代古钱的纹样。而不同的银行对传统图式纹样的借鉴，都根据其服务对象的不同，创制出各具特色的银行标志。

创建于 1912 年的中国银行历史悠久、品牌价值不凡，2017 年度位列全球 500 强品牌榜单的第 29 位。中国银行的标志是中国古钱与美术字“中”的完美结合,彰显了中国银行在中国银行业的突出地位。古钱图形是圆形的框线设计，中间一个方孔。中国历史上第一个大一统封建王朝秦朝，首次在全国范围内统一的货币即圆形方孔钱。中国银行的标志在方孔的上下加垂直线，形成“中”字的形状，既代表中国银行，也代表中国。整体形状寓意天圆地方，外圆表明中国银行是面向全球的国际性银行。整个标志给人的感觉简洁、稳重、易识别、寓意深刻、富有时代感，表达了企业的现代化经营策略、优良的服务品质和长远稳健的经营作风。标志采用代表热烈、喜庆、发展和富足等美好意愿的红色，易于被公众接受。

中国银行标志的设计者是香港著名平面设计师靳埭强先生。靳埭强是平面设计界当之无愧的大师级人物，曾获得过国内外 300 多个设计类奖项。1999 年，靳埭强因为对设计界的杰出贡献，被授予香港紫荆勋章。中国银行标志是他的佳作之一，其后中国农业银行的设计图案也在一定程度上参考了靳埭强的中国银行标志。

中国农业银行的行徽图案由中国古钱和麦穗构成，非常符合其行业特色，因为古钱代表了银行的特征，麦穗代表了农业、农村产业的特点。图案外圆内方，象征着农业银行经营规范、作风稳健。古钱构成图案外圆，象征资金运动循环往复，簇拥着农业发展。图案中麦穗芒刺指向上方，使外圆开口，给人以突破感，象征农村金融事业开拓前进。行徽图案使用的翠绿色象征着生命和希望。中国农业银行标志的设计可谓匠心独具。

中国工商银行整体标志也是古钱与汉字的合成。它以一个隐性的方孔圆币体现银行业的行业特征，标志的中心是经过变形的工商银行的“工”字，中间断开，使工字更加突出，体现“似与不似之间”的美学意境。断开的工字两边对称，体现出银行与客户之间平等互信的依存关系。设计手法巧妙实用，强化了标志的语言表达力，中国汉字与古钱币形的运用极尽完美。

中国建设银行标志是古铜钱与字母的结合体。整体图形是以古铜钱为基础的内方外圆形,着重体现建设银行所强调的“方圆”理念。“方”在中国文化中代表着严格、规范与认真；“圆”则象征着饱满、亲和与融通。图形右上角的变化,取“中国”(China)与“建设”(Construct)两词英文翻译的第一个字母C，两C重叠寓意货币的积累，象征着建设银行在资金的积累过程中不断发展壮大,为中国经济建设提供服务。圆形的突破，也象征着古老文化与现代经营观念的融会贯通，期望中国建设银行植根中国、面向世界。此标志标准色取海蓝色，蓝色是理性、包容、祥和、稳定的象征。选用海蓝色，寓意中国建设银行像大海一样吸收容纳各方人才和资金。

回纹、缠枝纹、云纹都是重要的传统纹式。其中，回纹寓意福寿吉祥，其构成形式深远而绵延，就是民间所谓的“富贵不断头”。缠枝纹是一种以花草为基础组成的纹样，缠绕不绝，有生生不息、万代绵长、香火不断、青春永驻之意。

云纹是比较常见的一种纹样。云这种自然景观旖旎壮美、姿态万千，为历代文人雅士所热爱向往，成为文章、诗词、绘画的重要题材。五彩祥云最为吉祥，据说能给人带来幸福。

在传统文化中，“云从龙，龙起则云生”，古人以云代天，用青云喻高官显爵，“平步青云”是最常用的祝词之一。

云纹是以变化多端的云的形状为基础形成的一种传统纹样，它寄托了人们对于农业丰收、生活吉祥如意的美好愿望。

从古至今，中国的各式建筑、日常用品、室内装饰物、历代的服饰上，都使用了大量的云纹式样，龙袍、官服的下摆都饰有云纹。然而，所有这些用云纹装饰的物品，迄今为止，影响力最大的莫过于2008年的祥云火炬。2008年北京奥运会最终选用了五彩祥云图案装饰的火炬，表达了中国人希望与全世界的朋友“渊源共生，和谐共融”的胸怀。北京奥运会火炬的全球接力非常成功，五彩祥云给五大洲人民带去了吉祥的祝福。祥云火炬成为北京奥运会最重要的标志物之一，受到了国内外人民的喜爱。

云纹

奥林匹克火炬是奥林匹克圣火的载体，是经国际奥委会批准的、用奥林匹克圣火点燃的、可手持的火炬。从1936年柏林奥运会开始，每届奥运会都会诞生一支体现主办国家文化特色并符合高科技要求的火炬，这成为奥林匹克运动的重要遗产。

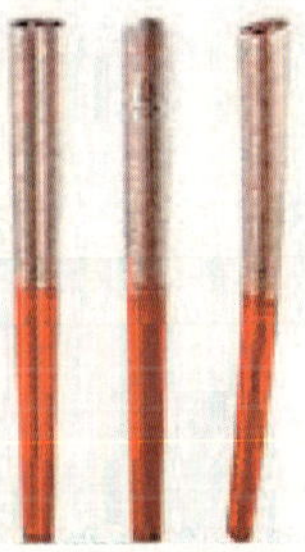
祥云火炬完整图

祥云火炬正面

祥云火炬顶部

2008年北京奥运会火炬长72厘米，重985克，燃料燃烧时间15分钟，在零风速下火焰高度为25至30厘米，在强光和日光情况下均可被识别和拍摄。它的外观用传统的云纹符号，样式采用了中国传统的纸卷轴。纸是中国四大发明之一，是人类文明传播的主要载体。火炬的主色调选用了起源于中国汉代的漆红色。云纹、纸卷轴、漆红色共同演绎了源远流长的中华文明。火炬上下比例均匀分割，祥云图案和立体浮雕式的工艺设计使整个火炬高雅华丽、内涵厚重。2008 年北京奥运会火炬也是奥运史上最成功的火炬设计之一。

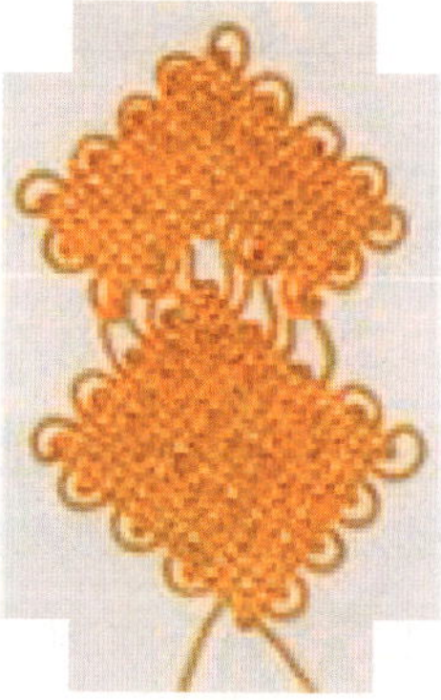
方胜结

方胜纹也是传统的寓意吉祥的纹样，古时也称长命纹，有避邪之意。方胜纹是由两个或多个菱形压角相叠而组成的图案或纹样。“胜”指古代妇女的首饰，是神话传说中大名鼎鼎的西王母娘娘佩戴的首饰。古籍《山海经》记载：“西王母，梯几而戴胜。”“胜”在古时为祥瑞之物，《宋书·符瑞志》中有“金胜，国平盗贼，四夷宾服则出”一句。

方胜纹最常见的是几何形的吉祥图案，由两个菱形压角相叠而成，既有“优胜、方正”之意，又有“同心”之寓意。戏剧《西厢记》第三本第一节有一句戏词，“不移时把花笺锦字，迭做个同心方胜儿”。方胜也常见于八宝图案中，明清以来成为家具吉祥图案中常见的装饰之一，如方胜拉手。因为方胜有如此美好的吉祥含义，方胜纹被频繁地运用于标志的设计及现代公司的命名中。

4. 吉祥意蕴在商标设计中的不同表现

伴随着中国经济与世界经济的日益融合，来自不同地域、不同文化且形态各异的众多商标开始进入中国人的视野。这使中国人在感受异域风情的同时，也不断吸收外来文化的有益成分，进而使商标设计在东西商业文化的交汇中不断进步，其中的吉祥意蕴也呈现出不同的表现形态。

风靡全球的肯德基是较早进入中国市场并产生巨大影响的快餐业巨头，其商标“山德士上校”具有显著的西方文化特征，引人注目，并成为肯德基品牌的重要组成部分。笑容可掬的山德士上校，也相当符合中国人的审美观。

笑容可掬的山德士上校那熟悉、亲切、平易近人的面孔是肯德基餐厅最大的招牌。山德士一身西装，满头白发及山羊胡子的形象，已成为肯德基国际品牌的最佳象征。山德士上校与肯德基的标记KFC[①]天衣无缝地搭配在一起，简洁醒目、一目了然，共同组成了世界最大的炸鸡连锁餐厅品牌标志。

之所以选用山德士上校作为肯德基的标志，除了因为他是公司的创始人之外，还因为山德士上校本人的创业经历就是一个感人至深的励志故事。65岁时，山德士还是靠领取救济金度日的落魄老人。他感觉自己还不老，不能靠社会福利金过日子，于是他便用两年的时间，开着一部老爷车向美国各地餐厅推销加有十一种香料的炸鸡配方，被一千多次拒绝后，终于有一家餐厅同意购买他的配方并按照他的理念进行经营。用了不到5年的时间，山德士上校制造了一个创业的奇迹，在美国及加拿大发展了几百家肯德基连锁店。

肯德基于1987年在北京开设了第一家分店。截至2004年底，肯德基在中国的分店数量已达到1200家。

从肯德基这家备受中国人喜爱的美国快餐食品连锁店的商标设计，就可以看出中西方在商标设计方面鲜明的不同之处。即使同是西方国家，不同国家的商标或产品的设计也有明显的差异。比如，德国与法国都属于西欧且相邻，同属日耳曼文化体系，但其商标风格却不尽相同。德国在西方文化中以逻辑思辨力强、思维严谨著称，继承了哥特式的艺术风格，渗透着遒劲、坚实、崇高和森严的气质。商品标志多为直线几何形，有浑厚庄重之风，体现着产品高超的质量与效能，充分展现了德国作为一个崇尚哲学的国度所特有的理智、严谨的风格。法国作为一个追求浪漫的国度，商标风格延续了罗马式和洛可可式艺术传统中柔和、典雅、愉快和幻想的格调，标志设计风格倾向于活泼轻快、自然奔放，在不规则中求均齐平衡，有着生动多姿的浪漫色彩。

① 英文“Kentucky Fried Chicken”的缩写。

中西方标志设计之所以存在明显的差异，其原因在于中国文化中，天、地、人是一个和谐的整体，人与万事万物是和谐统一的，都遵循着同一个发展规律，所以中国的传统美学强调的是主客观统一的“整体意识”，追求“以整体为美”，将天、地、人、艺术、道德看作一个生气勃勃的有机整体，把人的情感赋予物的形式，借物抒情，“以形写意”，“形神兼备”。与西方美学所追求的“显、直、露”形成鲜明差异的是中国文化的“内向性”，这使“含蓄、深邃、耐人寻味”成为中国商标设计最重要的特色。在商标设计中，中国人偏好将吉祥寓意通过商标的形式表达出来，比如标志中的吉祥符号、吉祥动植物、吉祥纹样，都是中国商标注重蕴情的产物。中国众多航空公司标志、银行标志、电视台台标都是寓意深刻的设计典范。

与西方商标设计相比，中国现代商标的设计图形在利用传统元素时，还借用了“形”“意”“势”三个方面的变化，使中国的商标具有鲜明的民族性。

“形”指的是商标设计时的图形，即造型艺术。西方商标的设计往往注重写实，在造型上强调形象性、生动性。与此相反，中国的造型艺术更注重“传神”，追求大巧若拙的浪漫飘逸的境界。从传统图形中提取元素，既保留传统艺术的神韵，又能够带有鲜明的时代特征。如前文中提到的凤凰卫视的台标，借鉴了中国传统的吉祥动物凤凰的纹样，然后加以变形，两只凤凰采用了中国特有的“喜相逢”的结构形式，把凤凰卫视追求文化交融的传媒特点，以及卓尔不群的高远立意用简单的造型表达了出来。中国邮政的标志则是借用了“鸿雁传书”这一中国古代典故，将大雁飞行的动势融入标志的造型中，体现邮政以信息传递为业的特点。

“意”指的是中国商标设计中追求一种蕴藏在传统元素背后的诸如“生命繁衍昌盛，生活富贵康乐”之类的吉祥意义。如具有吉祥含义的“盘长”“方胜”“云纹”等传统图案在现代标志中的频繁运用，就是追求这种“意”的产物。这需要设计者对传统文化有深入理解且会巧妙运用。中国联通的标志中对盘长的出色运用、北京奥运火炬对云纹的成功改进，都是中国商标中追求美好意境的代表之作。这与西方标志设计强调直观、一目了然的特点形成鲜明对比。

“势”是从中国商标图案上渗透出的精、气、神。汉字书法在商标图案上得到了广泛运用，而书法笔势中“笔不到而意到”的特点是对中国商标“势”的最好诠释。大篆的粗犷有力、小篆的结构严谨、隶书的端庄秀雅、楷书的规整秀丽、行书的活泼欢畅共同构成了独一无二的中国书法艺术。

在“势”的运用上非常成功的典范是2008年北京奥运会会徽“中国印·舞动的北京”。它以印章作为主体表现形式，并用中国传统书法加以展现。艺术字“京”字，既代表这届奥运会的举办地是北京，又把“京”字幻化成一个向前奔跑的人形，体现了奥运会的特点。曾任国际奥委会主席的罗格对此标志评价很高：“北京奥运会会徽将成为世界上最引人注目且最为人们所熟悉的标识之一，将成为奥林匹克运动史上最出色且最有意义的标志之一。”

中国印·舞动的北京

无论表现形式如何，在商标与产品的设计中，中西方的商标设计都渗透着吉祥美好的寓意。其差异在于，相比中国商标设计中深远的内涵与寓意，西方的表达更加直观，而且西方商标的设计风格还经常与创业者的个人特点联系在一起，肯德基就是一个典型案例。

第三章　趋利避害求吉祥

中国5000年的悠久文明中，绝大多数时间里从事商业贸易之人不外乎行商、坐贾两大类。无论是行商还是坐贾，无论是资本雄厚的大商号还是走街串巷的小商贩，绝大多数都讲究对顾客周到热情的服务，并通过自己的在言谈举止向后辈言传身教，以求生意兴隆、吉祥如意。

一、求吉求利的经营理念

无论行商、坐贾还是近年出现的新兴商业模式，要想在与同行的竞争中占得先机，保持兴旺发达，在产品质量有充分保障的基础上，经营环境的营造、热情周到的服务、严谨有效的管理等诸多方面都不可或缺。单就传统商业经营理念中的吉祥意蕴而言，大致包括以下几个方面的内容。

1. 吉祥便利的经营环境

传统店铺所属行业与经营的商品五花八门。从粮行、盐店、油坊、酱园、茶庄、糕点铺、丝行、布匹绸缎店、成衣店、鞋帽店，到瓷器、木器、五金店、土产店、杂货店、中药店、书店、文具店、钟表行、眼镜店、钱庄、银铺，再到酒馆、饭庄、戏楼、浴池、客栈、理发店、茶社，可谓应有尽有。就店铺的格局设置而言，一类店铺仅设有独立的店面，作为商品储藏与销售的场所；另一类则为前店后坊式格局，临街的房间设为门市铺面，后面为一进或两进的四合院，为生产或加工作坊以及职员的住所。

传统店铺从店址选择、房屋建造到店面陈设，都相当讲究。旧时都会请风水先生先到现场实地观察并观测，遇到风水不好之处更是千方百计地寻求破解之法，务求大吉大利。其考虑的要素有如下几点：一是交通便利，人群聚居稠密、流动性强、客流量大的路段，交通即是风水所讲的财富。二是有利于市场的开拓和店铺的发展，即不仅要看到目前，而且要着眼于长远，这一方面要看是否能够形成区域综合服务功能，另一方面要看是否有利于组织货物运送。三是在细部设计上，要取开阔避狭窄、取南向避东北。开阔既指店铺门前的开阔，以求八方来财，也指店铺内部的宽敞，以便顾客驻足选购。避东北是为了避免夏季的暴晒和冬季的寒风，所以店铺选址应力求南向。四是门前避不吉之物，主要是指烟囱、厕所、殡仪场所等易让人感到心理不适的建筑。若实在无法避开，也应在大门之后安放屏风，以阻隔煞气。

商店的门市，大多为三、五开间，实力雄厚的大型店铺，门市往往建成二层的木板楼或石楼。每家店铺根据自己经营行业的特色，精心设置店铺格局。济南历城董家镇的吕正轩于1912年创办的同元楼饭庄，布置得就极为巧妙。该店选址于一座坐北朝南的二进四合院，进门北屋为灶间，红案、白案操作一目了然，使顾客尚未落座就可闻到菜香；后院厢房过厅都是饭厅，其中南屋最为宽敞，可并排摆下六桌酒席；后院设一泉池，里面是从珍珠泉流来的活水，放养着许多尺把长的鲤鱼，寓意财源滚滚，年年有余。来此的顾客放眼望去，颇觉畅情适意，而且顾客还可现场点选活鱼，由厨师烹制。

济南汇泉楼饭店，依名泉江家池而建，泉池内放养活鱼，顾客在楼上饮酒用餐，可临窗俯视楼下泉池内游鱼，赏心悦目。

传统店铺的门窗采用活动式木门板、木窗。铺门一般为四开八扇，或是六开十二扇，每天早上开始营业时卸下门板，俗称“下门”“开板”；晚上打烊后再安上门板，俗称“上门”“关板”。临街一面的窗户为木隔扇，通常刻有精美的雕花。店铺的出檐很深，既可遮阳又能挡雨，方便顾客和过往行人。营业时，店门大开，以示接纳客人。冬季则在门口挂上两挂厚厚的棉帘，以挡风保温。

旧时店铺的柜台为厚重的黑漆长条木柜台，高约一米，因这种柜台又称“拦柜”，故而售货俗称“站拦柜”，售货员亦称为“站柜台的”或“伙计”。柜台最主要的作用是向顾客展示货物以便挑选。如茶庄的柜台上面总是摆着一个个大肚小口的茶叶罐，每个罐上贴着写有茶叶名称的红纸签条；布匹店则将各色花布堆摞在柜台上，供顾客挑选中意的商品。同时，对于一些较为贵重的物品，柜台也起到将货物与顾客隔开的作用，以确保经营的安全性。售货员站在柜台里面，从货架上或柜台里一一拿取顾客所需货物，摆在台面上让顾客挑选。

传统临街店铺

柜台里面通常设有账桌，为记账、收账处。记账的被称为“账房先生”。用于收纳铜钱的还有一种钱柜，高如板凳，平时可当坐凳，柜盖上凿一条小扁缝，平时可将散钱由缝中投入。钱柜的外在装饰也极富商业气息，黑漆的柜身上面雕刻着吉祥图案或祝词祝语，每逢年节时则会贴上写有“黄金万两”或“招财进宝”合体字的红纸斗方。

因此，一个店铺经营环境的营造，除了必要的硬件设施，环境洁净优雅，让人感觉舒适惬意、心情愉快，也是非常重要的因素。

20世纪30年代堪称济南浴池业之首的铭新池，素以水清池净而闻名。顾客一进门就可以看到墙上高挂一块黑色匾额，上书“一尘不染”四个金光闪闪的大字，使人感到清新雅致。铭新池十分注重环境的营造，室内摆设考究，所有设备、器具一尘不染。服务人员每天早、中、晚清理三次卫生，做到窗明几净，茶具无茶锈。店铺规定必须做到“四亮”，即门把亮、铜壶亮、水桶亮、鞋拔子亮。店内铜制用品，每天用防锈油擦拭一遍，使其锃亮。玻璃窗每周擦两次。地板每周用地板油擦一遍。从走廊到房间，从座席到烟茶用具，处处洁净光亮，一尘

“日进斗金”的账房先生铜像

不染，给人以清新雅致之感。走廊和营业室的墙上悬挂名人字画，陈列奇巧古玩；走廊和各个房间里摆满鲜花绿草，四时花香不断，还养有各类金鱼供人观赏。如此清新雅致的环境，为顾客增添了情致和美感。即使用现在的眼光看，铭新池的摆设也是不落俗套的。

营业人员的仪表关乎商号形象，素为商家所重视。对于从业人员，尤其是柜台售货员，要求容貌洁净、仪态端庄、精神焕发，着装要求干净整洁、大方得体。旧时山东各地店铺，伙计冬天穿长袍马褂，夏天穿长衫，穿短褂也要衣扣整齐，扎腿带，穿袜子。铭新池每年发给服务员两件白上衣，以确保能够经常换洗，保持干净卫生。一些大店铺还由店方出资，安排店员定期理发、修容。

民国时期的长袍马褂

在行为举止方面，站柜台的伙计一般不允许坐着。站姿要求端庄大方，必须两手自然下垂，立正站直，不准把手放在柜台上，也不准倚靠柜台。店员尤其不准在店堂门口打哈欠、伸懒腰，更不准面朝里、背朝店门交谈。这在过去都属禁忌，会对经营不利。

2. 礼貌热情的周到服务

服务态度是一种情感的表达，良好的服务态度能够吸引人、打动人、感染人。商家们大都奉行“三分生意七分待客”“和气生财”的理念，认为以礼待客是商家成功的要诀。知名商号大多都在门口设有专门迎送顾客的伙计，为顾客开门掀帘，让座上茶，重要的客人还由专门营业员负责客人购物的全程服务。顾客购物结束要走时，伙计要帮助客人取衣服和寄存的贵重物品，开门送客，等客人上车后才能转身回店。

几乎所有的店铺都严格规定店员不许与顾客顶嘴、吵架，即使是顾客无理取闹、肆意寻衅、大敲竹杠，也必须谦和忍让，倍加殷勤招待，同时婉言解释、耐心化解，以求息事宁人。

济南普华鞋店是一家有名的老字号鞋店，至今已有上百年的历史。20世纪二三十年代，济南曾有“戴帽就上永盛东，穿鞋就快到普华”的说法。济南普华鞋店要求职员对待顾客一视同仁，不论来自城镇还是乡村，全都热情接待，给人以宾至如归的享受。顾客进店后，先让座，再倒茶递烟，然后才询问需要什么商品。济南附近乡县进城的农民都喜欢到普华买鞋，就像回到自己家一样，坐在店内的大连椅上，抽烟喝茶，有说有笑。他们从身上背着的钱褡子里掏出一把把“鞋志子”（鞋的样式、尺码）交给店员，店员据此备货、包装、算账，买卖便在这种亲切、祥和、信任的气氛中做成了。鞋店还承诺穿用普华礼服呢鞋，若是半年内鞋面变色、鞋底磨透、鞋型走样、鞋帮开绽者，一律保送保换，分文不收。起初，有同行故意将鞋弄坏来店换新鞋，虽然明知他们是故意找碴，但普华鞋店的职员们依旧遵守诺言，为他们更换新鞋。如此一来，这些人也不好意思再来捣乱，而普华在顾客中的名声更加响亮了。①

柜台销售是通过顾客与营业员的直面交流进行销售，营业员服务态度的好坏直接关系到商品的销售。铭新池澡堂在楼上、楼下专设迎送顾客的服务员，见顾客到来，立即开门，笑脸相迎，随后递上两条大浴巾，一条下池用，一条铺床。然后引领顾客到床位，帮助顾客挂好衣服、存放贵重物品。顾客进浴池，服务员接过大浴巾，递上塘巾；顾客出浴池，服务员拿出拖鞋，为其擦背，披上浴巾；顾客回座席，服务员递上两条热毛巾，一条供顾客自己擦脸，一条由服务员给顾客擦胸、擦背，然后沏茶倒水。顾客走时，服务员从衣架上挑下衣服，

① 参见山东省政协文史资料委员会、济南市政协文史资料委员会编：《济南老字号》，济南出版社，1990。

掸去鞋上灰尘，取出顾客所存贵重物品，再算账。结账后，送客服务员递上干毛巾擦脸，开门笑脸相送，假如是特殊顾客，还要送出门外，候其上车后再回店。服务可谓面面俱到。

享誉华夏的瑞蚨祥绸缎庄，其独到的成功经验之一就是周到细致的服务。瑞蚨祥特设门市接待人员——“瞭高的”。顾客进门后，前柜瞭高的先站起来笑脸相迎、高声招呼，在辨明顾客身份后，立刻交代给不同的售货员，以便采取不同的销售策略：若见来客行色匆匆，进门便直奔柜台指名要货，这类顾客多有预定的购买目的，不愿耽误时间，瞭高的就把他交给前柜接待；若看到顾客来人较多，有男有女，这类顾客一般采购的东西较多，就把他们引到二柜，任其随意挑选；若看到顾客穿着体面、气派非凡，一定是有身份的大主顾，便指定善于辞令、娴于礼节的店员接待，将其让到楼上，并拿出烟、茶招待，同时指示售货员把店内的精品拿出来让顾客挑选。

陪着顾客看货的店员，在提供服务时也有颇多注意事项。不能一见顾客就问买什么，而要陪着顾客一起浏览挑选，顾客在哪里停留，店员即请顾客就近落座，然后再问买什么。店员帮助顾客选货时，要先介绍中档货，若顾客嫌次再拿好货。一方面，防止先拿好货顾客买不起而受窘，行话称“拿顶了”；另一方面，若顾客不满意，店员却没更好的货可拿，又会使自己处于被动地位，这样都算是店员的失职。所以，先拿中档货可以给双方都留有余地。店员要一直陪同客人挑选到最后，直至将顾客送出店门，内部称之为“人盯人”。对于特殊顾客，店员要为顾客提货，部门掌柜亲自陪送出门，并且代为叫车，待顾客上车后，店员将货递上，车开后方才转身回店。

红门香客店

泰安有些店铺的服务也值得称道。泰山香客店因其周到的服务而广受来自四面八方的香客们的欢迎。泰山历来香火颇盛，以往香客们年年来给泰山老奶奶进香，往往都是直奔泰山香客店。店主早已把香烛元宝等一应用品备齐，不用香客操心。

清末民初的泰安张大山客店更是远近驰名，最盛时服务人员将近百人，有一套完整而周到的服务流程。店内提供小型戏曲、牌桌、剃头理发、地方小吃、元宝、香烛等各项服务项目及设施、物品。伙食分高、中、低三档，既有鱼翅、海参等上等大席，也有鸡鸭鱼肉类中等菜，还有便宜的大锅菜、馒头，供香客们随意选择。每年店员都会提前联系香火会的善首（香火会的组织管理者），招徕生意，到时主动到车站接客，高举写有“张大山店拜”字样的红拜帖，向香客致敬问好，然后替善首背着褡子，将客人接到店里。在店门口，还有隆重的接待仪式，两名店员端出一个大传盘，内放四大盘菜肴、一壶酒，为香客一一接风，把盏敬酒。香客接酒后一般不喝，而是浇奠泰山神。第二天凌晨，客人用完早点后，店主亲自将一批批上山的客人送到门口，说些“步步高升”“登高发财”的吉利话。店里再派两人将客人们送上山，悉心安排中途打尖休息事宜。香客下山回店，店主要亲自迎接，店里仍是端出大传盘，以酒菜为香客“道喜”，祝贺他们已在山顶得到泰山老奶奶的赐福。香客临走时，店里备酒席送行，店主亲自送出大门，为客人把盏、揖送，并嘱咐“望明年再来”。因为客店处处想得周到，服务热情，香客十分满意，所以一般来年仍投宿原店。

2017 年泰山庙会启会仪式

优质的服务是店员必备的素质之一，所有的商家都要求店员必须

济南晨光茶社 2014 年母亲节相声专场

熟悉业务，能够熟练地向顾客介绍商品的性能、特点、质量、使用方法和价格等，准确解答顾客疑问，迎合顾客心理，帮助顾客挑选合适的商品。如布店的营业员不仅要能说会道，善于把握顾客的心理，还要学习掌握报价技巧，布店店员还要学会倒尺，倒尺分为里倒和外倒两种方式，如果向里买入 100 尺布，通过倒尺只能量出 90 尺来；如果向外卖出 100 尺布，通过倒尺就能量出 110 尺来。但是，在卖布的时候并不少给顾客，店员会在量好后再加上一些，说是优惠让利，使买主高兴，其实顾客回家自己一量，还是不多不少正好够尺。饭馆的伙计在桌面算账报账时讲究“一口清”，报价既快又准，也会受到顾客的赞赏。

商家为提高营业人员的服务技能，也采取多方措施。以相声表演而出名的济南晨光茶社，采取“零打钱”的收费模式，即观众进门时领取一张纸条，上面盖有“× 年 × 月 × 日 × 点 × 分入场”的印，观众离场时在出口看表计时，按时收费。观众可以按水牌上的节目表选择自己喜欢的演员或段子，看时间到了就进去，若遇到自己不喜欢的演员就出来，两个门进进出出，人流不断。这样，演员们有了危机感，为留住观众，保住面子和饭碗，便都拼命地练习、钻研表演艺术，茶社由此培养出一批高水平的演员。

做生意特别讲求吉利，生意人尤其爱听吉利话，以借此博得好兆头，逢年过节更是如此。旧时商家过年吃水饺，饺子煮破了不许说“破”，必须说“挣了”“笑了”；若没有煮破，还会故意用勺子搅破几个，并有人故意问道：“好了没有？”其他人要高声回答：“好了。”再问：“挣了没有？”答曰：“挣了！”以求来年生意兴隆、大吉大利。在包饺子的时候，掌柜还常包入一枚硬币，说是吃到者来年有福气。

年初一吃第一顿饭的讲究特别多。在孟家的“祥”字号，第一道菜必要先吃生拌凉菜，下筷时要说“生财有道”；接着吃年糕，称为“年年高升”；随后食鱼，必说“年年有余”；吃

剪纸《年年有余（鱼）》

豆腐时则要说“人人有福”；最后吃水饺，因饺子形似元宝，寓意阖家团圆、和气生财、财运亨通。直到今日，北方人年夜饭吃饺子，也都会想方设法讨个吉祥如意的好彩头。

3. 严谨有效的管理制度

经营管理是决定店铺兴衰的关键，为了获取厚利，店铺经营者都在生产管理、销售方式、人事管理等方面，制定并实施各种有效的措施。

俗话说“不怕不卖钱，就怕货不全”。对店铺经营来说，只有商品齐全，货源充足，才能保证满足顾客的不同需求。因此，不仅老字号以雄厚的资本为后盾，特别重视货色齐全；资金相对较少的小店铺，也会通过采取小批量、多品种的进货方式，尽力保证货物品种齐全。

老字号亨得利钟表店，凡名牌钟表无所不备，只要国内有货，店内就有售。烟台龙口的福昌利杂货店，在 20 世纪 30 年代已成为全县杂货业中最大的商号，以品种齐全、经营范围广而闻名。经营的商品包括绫罗绸缎、山珍海味、粮食、五金用具和粗细杂货等，但凡有脱销品种或顾客需要的货物无不立即进货。

人们在购物时往往有一种优先购买名牌的消费心理，认为但凡名牌必定货真质优，而且品牌也是一种身份的象征。因此，商家在保证

货全的基础上，还要着力打造名牌，力推主打产品，这样既可打响字号知名度，又能带动其他商品的销售。济宁玉堂酱园吸取江南风味与地方风味之长，研制出“十锦”“八宝”“香干”“冬菜”“黑黄酱”等小菜以及“金波”“状元红”“葡萄绿”等露酒，广受江南、江北顾客的喜爱。由此济宁玉堂酱园名声大振，规模不断扩大，有了“味压江南”“京省驰名”的美誉。

许多知名中药店都有自己创制研发的名牌成药，靠此在竞争激烈的中药行站稳脚。如烟台的中和大药房用草本植物山道年的花制成的驱蛔虫药“山道年”，在旧时的烟台可谓家喻户晓；济南千芝堂的保坤丹、庆育堂的至圣保育丹、明春堂的鹧鸪菜丸、厚德堂的百草丹、至善堂的朱砂膏、恒济堂的超林牌眼药等，也都享有良好声誉。

济南百年老店宏济堂药店，经过精心钻研，改良了阿胶的制作工艺，去除了阿胶的驴皮腥臊味，制出甜脆适口、味道清香的阿胶，而且疗效显著，由此形成独家处方，创立名牌阿胶。其中的福、禄、寿、财、喜五字胶，远近驰名，不仅打响了字号的知名度，同时带动了其他药品销售。

创新是店铺发展的动力。商家只有坚持不断开发新的花色品种，做到“人无我有”“人廉我转”，以特色求发展，才能在激烈的商业竞争中出奇制胜，取得优势地位。这种“ 招鲜”的特色商品，以其唯一性、垄断性特征，具有较强的吸引力和竞争力，从而赢得市场。济南植灵茶庄的经理王渐三以一种准备窨花的茶坯配以少量花茶，创制出一种新品包装茶，并特意取了一个好听的名字“灵雀大方”，经精心包装后重点推出。此茶味道醇正、价格低廉，符合一般消费者的需求，因而深受市民欢迎，一时间植灵茶庄门庭若市。

“戴帽就上永盛东，穿鞋就快到普华”这句话提到的“永盛东”，指的是经营老中青少各类帽子的济南永盛东帽庄。此帽庄开业于1940年，为了与以“同大鑫”为首的京津帮帽店竞争，永盛东根据济南的气候特点，设计出既保暖又轻便美观的各式冬帽，且质料优良，做工精细。从选料、上浆、裁剪、配色、上盔到定型，每道工序都要求精益求精，因此质量上佳，所产冬帽直到戴破了也不会变形走样。永盛东产品一经面市就大受欢迎，尤其是老年妇女佩戴的绒面、锻箍棉帽，以及乡下男人喜欢佩戴的灰鼠皮挂耳毡帽头，一度成为当时的名牌产品。永盛东“将生意做到了人家前面”，起到了市场“补缺”作用，依靠产品创新在激烈的同行业竞争中占据了一席之地。

人事管理也是店铺经营的一个重要方面。俗话说“千好万好不如人好”，在一切商业资源中，人才资源最为宝贵，其价值无可估量。因此，许多商家特别重视人才，能够做到慧眼识才、知人善任，充分发挥人才的重要作用。同时，商家还会为了保障正常经营而制定出规范店铺职员行为的规章制度，并严格执行，正所谓“没规矩不成方圆”。

山东老字号瑞蚨祥制定有详细、系统的店规，从商业经营到日常生活，大小注意事项几乎无所不包，制约着店员的一言一行。店规洋洋洒洒，有27条之多，完整体现了山东特色的商业经营店规的全貌，是研究山东商业民俗的宝贵资料。店规用正楷书写，镶进镜框，悬挂于墙。要求店员对店规耳熟能详，铭记于心，然后严格执行。

盖闻生意之道，铺规为先，章程不定，无所遵循。今奉东谕，议定章程列后，望各遵议奉行，以图长久，如有违犯，被辞出号，贻误终身，悔之无及矣。

1. 柜上同仁不得携带眷属。

2. 因私事出门，必须向掌柜请假，说明事故及去处，不得指东往西。出门时必须到账房写请假账、挂出门牌。假期不得过长，如因事不能回柜时，必须在上门前向号中声明。

3. 亲友来访，只能在指定处所谈话，接谈时间不得超过一小时，并不能接待亲友在柜上食宿。

4. 早6时（冬季7时）下门，晚10时上门。上锁后非有要故，一律不得出门。

5. 不得长支短欠，顶名跨借。不得代客作保。

6. 同仁探家打行李，须经指定人员检查后，始得包裹。

7. 同仁探家要按探家次序，并经经理决定，到期即回。至期因事不能回店，须来信续假，多住五天，下期即压班一个月，如因业务繁忙，到期不能走时，压班一个月，补假五天。

8. 春节放假，必须留人值班，顾客上门应予接待。

9. 摇铃开饭，不得抢前争先，菜饭由柜房规定，不得随意挑剔。

10. 同仁洗澡，下门去，早饭前回柜，不得借机游逛或下饭馆。

11. 同仁无论在柜吃饭或出外应酬，均不得饮酒过量，醉后发狂。

12. 同仁用货，必须有店中人员剪裁，不得私自找人；只能自用，不准代买。

13. 柜上同仁不准吸烟卷，以防发生火灾。

14. 不得代存衣物。

15. 同仁之间，不得吵嘴打架，如有违犯，双方同时出号。

16. 营业时间，不得擅离职守，不得交头接耳，妨碍营业，影响观瞻。

17. 严禁嫖赌和吸鸦片，违者立即出号。

18. 不准无故纳妾。如因无子纳妾者，须事前声明，经考察属实后方准实行。

19. 对待顾客必须谦和、忍耐，不得与顾客争吵打架。

20. 同仁必须注重仪表，无论冬夏，一律穿长服，不得吃葱蒜，不得在顾客面前扇扇子，不得把回找零钱直接交到买主手里（须放在柜台上），并应尽量避免粗词俗语，不得耻笑顾客。

21. 不得挪用柜上银钱、货物，有贪污盗窃行为，立即出号。

22. 不得以号章为他人作保。此事关系至巨，任何人不得违反。

23. 柜上同仁，不得在有瑞蚨祥企业的地区开设同类企业和染房，亦不得兼营其他业务。

24. 挑拨是非，猜忌倾轧，致伙友不和者，此为害群之马，应立即出号。

25. 结伙营私，要挟号中者，立即出号。

26. 同仁被辞出号，不得凭借他种势力逗留不去。

27. 调拨他处不立即前往者，立即出号。

以上各条俱系省、京各店应有之定章，凡我同仁，概不准违犯。有份股者，更宜谨遵履行，方能为同仁之表率。如随便自私，或姑息因循，则章程为虚设，号务必日渐废弛，问心亦当有愧。号务綦繁，非一二人所能周及，须群策群力，严格执行，方免贻误，国家论功行赏，铺事亦大同小异，凡我同仁慎之勉之。①

当然，商家对店员的管理既要有约束，又要有经济激励，如此才能调动店员的劳动积极性。经济激励方式颇多，最主要的是将一年所获的盈余进行红利分配，这与如今企业的股份制有点类似。

店铺的红利分配，是指由出资本的东家和负责经营的西家按照契约所规定的比例分配盈余。一般的惯例是“东六西四”，或称“钱六

① 山东省政协文史资料委员会、济南市政协文史资料委员会编：《济南老字号》，济南出版社，1990，第 8-10 页。

人四”，即股东分六成，经理、会计、店员等从业人员共分四成。也有的是“东七西三”。“西家”分得的四成或三成红利，一般再分为十股，每股又分为十厘，由经理、会计和店员等各按规定比例获取，数目不等，称为“吃股”或“吃西股”。

在店内工龄达十年以上、工作表现良好的伙计，也可由掌柜向股东推荐，经众股东认可后获得顶身股。为了调动店员的积极性，有的则采取入股分红的方式，也让店员入股，参与经营利润的按股分配，分红的数额与商号的经营直接挂钩，盈利多则多分红，盈利少则少分红。由此，将职员的利益同店铺的利益联结起来，促使大家齐心协力，同舟共济，这也成为许多商号保持兴旺发展的一个重要原因。

工资是经营者较为固定的收入，也是普通店员的主要收入，一般按月领取，也有年终一次性发放的。根据资历、能力和贡献大小，工资的数额不断调整。除了固定的工资之外，还有各种不定额的奖金。提成便是经常采用的一种奖金方式。这种奖励的数额，根据经营的好坏而定，买卖好了拿钱多，买卖不好则拿钱少。将店员的个人利益与店铺利益联系到一起，可以充分调动店员的工作积极性。

济南泰康食物公司在与上海食物公司竞争期间，每月提取营业额的千分之五作为奖金，以鼓励店员积极开展推销业务，多劳多得。老字号宏济堂药店，职员的工资很低，而且没有分红，提成便成为他们的主要收入。每月盈利的10%为全体人员的提成奖金，其中的十分之一名义上为“神福钱”，实际归投资方所有，剩余的十分之九由乐敬宇全家和宏济堂经理、全体职工按照每人所占“分”的多少进行分配，称“分批零钱”。除此奖励方式之外，还有一种按日计算的“小账钱”，也叫“提成钱”，即从柜台售药的营业员每天的销售额中提出“小账钱”分与经手人，一般每个营业员每天可分到四五角钱，最多可达几元钱。1926年前后宏济堂生意最兴盛时期，柜台营业员的固定工资每月只有四五元，而每天所得的“小账钱”累积起来每月可达30元至50元，是月工资的十倍左右，因此宏济堂的员工都乐意在门市部干营业员。

在经营良好的店铺，东家还会在年终时给予负责经营的西家不同程度的馈赠，作为辛苦费或辛力钱，以示关怀鼓励。瑞蚨祥年终馈赠全体店员，普通职工每人 10 元至 50 元不等，经理可达 200 元以上。铭新池年终分发赏钱时，根据一年的劳动表现、服务态度、业务水平等，由经理直接分发，多者 50 元，低者 8 元至 10 元。

对于职员，除了金钱奖励之外，有些店铺还注重其他福利待遇，以调动店员的积极性。济南醴泉居酱园在员工或学徒探亲时，都赠送一份本店的优质产品，让其捎回家请家人品尝，显示出店家对职员的温情关怀。淄博成立的最早的餐饮店博山聚乐村饭庄，每至端午节、中秋节、春节，东家要大摆筵席，犒劳店员，还会赠送给店员生鸡、生肉、鞭炮、蜡烛等物品。这些办法无疑都会增强店员的凝聚力。

二、趋吉避凶说禁忌

趋吉避凶是人类甚至所有动物的本能，也是吉祥商贸重要的组成部分。了解、规避商业活动与日常生活中的诸多禁忌，尤其是不同地域的禁忌，才能规避商业风险，达到利益最大化。中国古籍《礼记·曲礼》有言："入境而问禁，入国而问俗，入门而问讳。"这至今仍是我们在进行商贸活动时的至理名言。

1. 自古商人多禁忌

禁忌是指避讳的人、物或事。早在原始社会，禁忌就已经产生并开始发生重要的作用。违背禁忌的主要后果是具有"危险性"与"惩罚性"的，如《周礼》所言："犯禁者，举而罚之。"

早在 2000 多年前的汉代，中国的史籍中已经使用了"禁忌"一词。《后汉书·郎顗传》中有这样一句通俗的话："臣生长草野，不晓禁忌，披露肝胆，书不择言。"在此处，"禁忌"的含义与今天大致相同。

对于"禁忌"两字，《说文解字》的解释是，"禁"字"从示林声"，而"林"字代表"君"。"禁"字指来自君上或神界的外力干预，侧重于禁忌产生的客观因素；“忌”字指来自自我本身的规避行为，侧重于禁忌产生的主观心理。

《南都繁华图》（局部）

把“禁”和“忌”两字合成“禁忌”一词后，就代表了一种约定俗成的禁约力量。其中，既有集体（社会或宗教）对个体的“禁止”含义，又有体现个体心理意愿的自我“抑制”的含义。“禁止”与“抑制”的目的都是趋利避害、平安吉祥。

人们多少年来约定俗成的“神圣”“不洁”“危险”的人与物，构成了内容繁杂的禁忌内容。至于形成这些禁忌的原因，秋浦在《论禁忌》一文做出了通俗易懂的解释：“不管是早先的禁忌也好，后来的禁忌也好，其产生都有一个共同的特征，即把一些偶然的因素，误以为是普遍适用的内在规律，一人传开，说得有声有色，众人跟随，也就信以为真了，自此逐步形成的共同的禁忌。”①

在行文与口语中，经常出现“禁忌”与“忌讳”两词混用的情况。一般来说，学术界习惯于使用“禁忌”一词，而民间则更习惯于使用“忌讳”。从禁忌中“抑制”的这层含义讲，“禁忌”与“忌讳”确有相通之处。因为，“忌”与“讳”强调的就是普通百姓的自我抑制力量。这是因为普通老百姓一般会把更多的注意力放在如何抑制自我言行，尽量不触犯忌讳，借用风俗习惯的禁止力量来制约他人犯禁的行为。“忌讳”与“禁忌”相比，更具有容易被民间接受的通俗性。许多民俗研究者深入民间调查时，经常发现民间不少人只知“忌讳”而

① 秋浦：《论禁忌》，《思想战线》，1987年第1期。

不知“禁忌”。

禁忌无处不在，人的一生时时与禁忌相伴。可以说，每个人从母体中被孕育到出生，再经婴幼时代、上学、工作、结婚……直到死亡，禁忌与人时时相伴、事事相伴。任骋在《中国民间禁忌》一书中，就把中国民间五花八门的禁忌内容分成了三十多个大类，包括了神灵、性别、分娩、婚嫁、饮食、服饰、居住、语言等方方面面。可见中国民间禁忌之多。

全球不同地区、不同民族、不同宗教、不同文化都有许多不同的禁忌，甚至会有许多相对立的禁忌。在对外商贸交流越来越频繁的今天，了解其他国家与地区的商贸禁忌，可以说是与其进行商贸往来的前提。商贸活动中对其他地区禁忌的无知、漠视，不仅会导致投资的失败，有时还会产生更严重的后果。

举一个简单的例子。20世纪七八十年代是中国改革开放初期，我们对外国的禁忌还不太了解。当时我国北方的某个鞭炮厂向德国出口了一批鞭炮，鞭炮的外包装选用了中国人最喜欢的红色，寓意着“红红火火”。但是鞭炮运到德国后，很长时间无人问津。鞭炮属时令商品，这种滞销状况令中国厂方非常着急。后来，厂方多方请教，才得知红色是德国人非常排斥的颜色。厂方了解情况后立即把鞭炮的红色包装改换成德国人比较喜欢的灰色包装，鞭炮一下子打开了销路。

商业相对来说是一个风险与收益都比较大的行业，从产生以来就约定俗成地形成了种种禁忌，其中确实有迷信、不科学的成分。在相信科学的现代人看来，不少禁忌看上去比较幼稚、可笑。

2. 行商的禁忌

行商既包括那些肩挑脚量的小货郎，也包括像徽商、晋商、潮商那样把生意做到大江南北、长城内外，甚至海外的大商帮。每次外出经商，商人们经常成年累月，甚至数十年都奔波在外。比如晋商外出经商，少则三年，多则五年、十年才回家一次。何况，以往经商山高水远、危险重重，为保人财安全、经商顺利，禁忌自然很多，这些都是人们求吉避凶心理的产物。

如今的交通极为便利，汽车、火车、飞机等现代化交通工具，以及手机、互联网等现代化的电子通信手段早已解决了古人长途跋涉之苦。但这些给今人带来极大便利的交通信息工具发明最多有百年，此前几千年的时间，行商还是延续了丝绸之路般以人力、畜力、风力为主的艰苦的商贸旅程。

中国人素来有谨慎出行的习惯。《论语·里仁篇》云："父母在，不远游，游必有方。"这是出于孝道而言，但确实也有对远行危险性的考量。古人出行的禁忌也颇多。

其一，出行时间的选定。

行商的禁忌从出行之前就开始了。在过去，并不是每一个晴朗的日子都适合出门远行，商人们必须先请"阴阳先生"挑选吉日、吉时、吉祥方位才能出行。清代学者熊伯龙在其著作《无何集》中曾转引了如下内容："《阴阳书》言，鹤神日游，五日正东，六日正南；五日正南，六日西南。西北仿此。元旦出行，忌向此方……或曰，鹤为噩字之讹。"就是说，古人认为有噩神在四方云游，出行时务必要避让。元旦日出行，忌讳更多。每月都有几天，如初五（也有人说是初一）、十四、二十三是固定的"忌日"。所谓"初五、十四、二十三，且婆有银莫去担""初五、十四、二十三，老君灶里不炼丹"等俗语强调的就是这几天确实属忌讳之日。前面提到正月初五是请财神的大

《货郎图》

好日子，但山东一带民俗就忌讳在此日出行，说这一天是“破五”日，不宜出门。也有些地方忌讳在“黑道日”出门，每月的初五、十五、二十五都是不能出远门的“黑道日”。安徽萧县一带有“三六九，向东走，二四七，向正西”的说法。“向正西”指“上西天”，有死亡之义，忌讳出行。

中国俗语有言：“五里不同风，十里不同俗。”中国幅员辽阔，不同地区对于商人出行与归家时日的禁忌之间还有矛盾。如“七不出门，八不回家”是在民间流传颇广的商贸禁忌俗谚，但河南虞城县一带就有“要出走，三六九，要回家，二五八”的说法。两者之间显然是矛盾的。

《无何集》中还提到民间另外一个禁忌“杨公忌”，在“杨公忌”日忌讳商人离家出门：“世俗多畏杨公忌，谓不宜出行，皆未悉其原委，故为所惑耳。”所谓“杨公忌”的日子一共十三天，除七月是两天外，其他月份每月一天。这十三天是：正月十三、二月十一、三月初九、四月初七、五月初五、六月初三、七月初一、七月二十九、八月二十七、九月二十五、十月二十三、十一月二十一、十二月十九。

有些地方民俗中还有整个月份都禁忌出行的习俗。如“六、腊月出门，神仙也遭难”之说，想来这种禁忌的产生是因为这两个月份不是酷暑就是苦寒，最不宜出门远行，久而久之也就成为禁忌了。

其二，祭路神。

选好了出行的良辰吉日后，古时的商人们还需要在出门前祭拜路神、天神、日月神等神灵。因在迷信的古人看来，他们在行途中安全与否是由路神掌管着的。路神亦称“道神”“行神”。祭祀路神的目的是防止途中神怪作祟，确保行旅安全。所谓“在家不敬月，出门招风雪”。行商们无论走陆路还是水路，都有祭祀路神之说。

民间除了把五路财神作为路神外，还信奉其他路神。据一些神话传说的资料，黄帝的妻子嫘祖、水神共工的儿子修都喜好远游，后被奉为“祖神”（即行神、路神）。然而因为年代太为久远，他们作为路神的“证据”并不充足。

其三，出门时的其他忌讳。

经商要懂得行情，知道什么时候生意好做，什么时候不好做，以便出行。俗谚云：“要正月，玩二月，君子无钱过六月，年年有个烂九月，赚钱莫靠十二月。”又云：“赔八月，赚腊月。”这是因为经营的商品种类不一，季节性要求也各不相同，不能乱来。

另外行商还有一些对于贩运何类商品的禁忌也应注意。俗话说，“百里不贩粗”“百里不贩樵”“千里不贩籴”，即是说远程贩运粗重廉价的商品可能会得不偿失，而“千里不贩青”的说法，则道出了旧时运输条件下远程贩卖青菜鲜果可能会砸了生意，造成“货到地头死”的败局，所谓“鬼精鬼精，不敢贩葱”就是这个道理。

行商出门时还有一些奇怪的禁忌。比如，行商出行前最忌招牌无缘无故倒了，认为这是大不吉；出门前忌讳与家人争吵、折断了筷子、打碎了碗等；出门时忌见乌鸦，这也许是古人一直把乌鸦作为不祥之物的缘故。遇到这些不祥的“兆头”时，行商一般会选择改变行期，假如行期不能改变，就再次祭拜，作为破解之术。

另外，扁担是以往行商挑货物的主要工具，非常忌讳他人从上面跨过，更忌讳女人用脚踢扁担。行商赶路时，会特别小心不要踩到别人的脚后跟，因为这意味着买卖落在别人的后面，赚不得钱。

不祥的语言，尤其是那些对经商发财不吉利的话，一直以来是商人们很忌讳的。比如说“干”“蚀”等字眼是所有商人时时都忌讳的。地区性语言禁忌更多，比如白族行商赶马外出做生意时，忌说豺狼虎豹之类的字词；四川西部的农村集市买卖猪牛时，忌讳说整数的价格，他们认为整数有“尽头”的意思，买回去难以喂养。

经商禁忌不纯粹是迷信，也包括一代代人累积的经商经验，颇有一定的道理。诸如，“一人不上路，二人不看井”“少不出游”，这肯定是借鉴或考虑到以往经商的艰难之处；“穷家富路”“出门不露白，露白会失财”“爱走夜路，总要撞鬼”等，都是古人可资借鉴的经商之道。

3. 坐贾的禁忌

坐贾的禁忌也很多，而且许多禁忌流传到了今天。比如，对店堂伙计言谈举止的严格规定。店家都会要求店伙计时时牢记“和气生财”，严禁店伙计对客人有任何不礼貌、不耐烦的表现。民谚“买卖之道，和气生财”“货有高低三等价，客无远近一样亲”“生意没有回头客，东伙都挨饿”都是至理名言。

以往店铺里的伙计只要开门营业，不论店里有没有顾客，都忌讳伸懒腰、打呵欠之类的行为；无论站与坐都不能背对店门，因为这既是对顾客的不礼貌行为，也会带来“背运”；每家店门的门槛都是家神凭依之处，忌坐、踏，以及站在门槛上，更严禁在门槛上砍东西；店伙计忌玩弄算盘、反搁算盘、坐在柜台上等，假若违反了这些禁忌，就会受到掌柜的严责。过去民间流行“和气生财”画，许多店铺都将其张贴在堂上。画中人是非常受大家喜爱的和气菩萨。据说，画中的老人原是一个小商贩，她处世随和，待人真诚，感动了老天爷。她六月份卖棉帽天降飞雪，腊月卖蒲扇又突然酷热难当，商品总被争购一空。人们张贴此画，以求和气致祥、事事如意。

打扫店堂时，要用笤帚往里扫，代表把金银财宝扫进门。假如用笤帚扫向店外的方向，就会被认为是把钱财扫出门，生意会亏本；数钱币时也要往里数，忌讳往外数，这是往里挣钱的意思。店伙计要想方设法做成早上进店的第一个客人的生意，不成功则意味这一天的买卖都不顺利。

商人最渴望的是挣大钱、发大财，最忌讳的是输钱、亏本，所以“输”“亏”等字眼尤其要避讳。同时，不许店员在店铺中看书，因为“书”与“输”同音；宁波方言“数”与“输”谐音，所以不能在店里数钱。各种各样的店铺禁忌还有很多，如有的店铺新开张时，忌讳进门来的第一个顾客是女人，而若第一个进来的是进京赶考的举人，店家则必定大喜过望，不仅会不要钱，甚至还会奉赠程仪若干。对于这些禁忌，伙计们必须时时牢记，一旦违背后果就很严重，轻则责罚，重则开除。

好在以往大铺面的伙计都当过几年的学徒，早已经把店铺烦琐的规矩与禁忌牢记于心。以晋商为例，按照晋商的习俗，在做伙计之前要当学徒三年。山西民间对成功的商人往往有极高的评价，“生子有才可做商，不羡七品空堂皇”“有儿开商店，强如做知县”都是山西俗语。在山西，普通人家的孩子在学会简单的识字、计算后，家长就会中断他们的学业，托人把他们送到店铺做学徒。能当学徒的人也是经过精挑细选的：年龄在 15 岁到 20 岁之间、不高不矮、模样周正、家世清白、懂礼貌、善珠算、会楷书、能吃苦等等都是必须的条件。学徒期一般是三年，没有工钱。期满后根据其表现由店主决定是否把他升为伙计。

学徒生涯是非常艰辛的，晋商谚语中有“十年寒窗考状元，十年学商倍艰难”之说。旧时，晋商中流传着一首概述学徒生活的“铺诀”：

黎明即起，侍奉掌柜；五壶四把[①]，终日伴随；
一丝不苟，谨小慎微。顾客上门，礼貌相待；
不分童叟，不看衣服；观颜察色，唯恐得罪。
精于业务，体会精髓；算盘口诀，出手相联；
斤秤流法，必须熟练。有客实践，无客默诵……

古代中国的商业禁忌固然众多，其他国家的商业禁忌也不少。以讨价还价为例，这在我国早已成为习俗，尤其一些零售店，故意定一个较高的价，就是为了给顾客留有讲价的余地。在这个问题上越南和英国的习俗最为有趣。越南买卖双方一般会多次讨价还价，忌讳讨价还价一次，因为那意味着货卖不出去。而且顾客即使不想买，也要讨价还价几次，颇为奇怪；英国则与越南正好相反，购物时最忌讳砍价。在英国人看来，讨价还价是很丢面子的事情。一件商品的价钱合适就买下，不合适就走开。即使购买贵重物品，也会小心地与卖方商定一

① 五壶是指茶壶、酒壶、水烟壶、喷壶、夜壶；四把是指笤帚、掸子、毛巾、抹布。

个合适的价钱。

河南鹿邑有经商十八忌流传于民间，据传是范蠡弃官经商改称陶朱公后所作：

生意要勤快，切忌懒惰，懒惰则百事废。
价格要订明，切忌含糊，含糊则争执多。
用度要节俭，切忌奢华，奢华则钱财竭。
赊账要认人，切忌滥出，滥出则血本亏。
货物要面验，切忌滥入，滥入则质价减。
出入要谨慎，切忌潦草，潦草则错误多。
用人要方正，切忌歪邪，歪邪则托体难。
优劣要细分，切忌混淆，混淆则耗用大。
货物要修整，切忌散漫，散漫则查点难。
期限要约定，切忌马虎，马虎则失信用。
买卖要适时，切忌拖误，拖误则失良机。
钱财要明慎，切忌糊涂，糊涂则弊窦生。
临事要尽责，切忌妄托，妄托则受大害。
账目要稽查，切忌懒怠，懒怠则资本滞。
接纳要谦和，切忌暴躁，暴躁则交易少。
立心要安静，切忌妄动，妄动则误事多。
工作要精细，切忌粗糙，粗糙则出品劣。
说话要规矩，切忌浮躁，浮躁则答事多。

4. 语言禁忌

语言是人与人之间交往、交流的主要工具，也是民族文化的一部分。人们相信语言具有某种魔力，特定条件下是需要避忌的，避忌的方式就是避而不言——“噤”。《说文解字》对“噤”字的解释是：“口闭也，从口禁声。”不应该提及特定字词或句时，人们有时用摇头、摆手等无声的语言来表达自己的心意。表达不清时，就改用某种变通的说法来表达自己的意思。这就是语言避讳的出处。避讳的原则，一般是出于礼教、吉凶、功利、荣辱、保密等方面的考虑，也属于避凶趋吉的吉祥文化的范畴。

汉语的复杂性是其他语言很难比拟的。除了阅读、书写本身的规范外，还有歧义、引申义、谐音、寓意等多种复杂的含义。汉语的复杂性也导致了语言禁忌的多样性。遇到禁忌的字眼就要回避，既不能说，也不能写。在写作时，避不开的也有“破解”之法，即用改字、空格、缺笔等方法来取代。以大史学家司马迁为例，他写《史记》时，因其父亲名“司马谈”而需要避讳“谈”字，所以把书中的人物“赵谈”改为“赵同”，“李谈”改为“李同”。

古代中国，语言避讳适于所有人，无论是王侯大臣，还是平民百姓。语言避讳种类繁多，可分为“官讳”与“私讳”两大类。

官讳包括庙讳（已故帝王之名）、国讳（当今帝后外戚之名）、圣人之讳（孔丘、孟轲等），还有“恶讳”，如唐安史之乱后，唐肃宗上台，涉及乱臣“安禄山”的所有地名都要更改。如安化郡改名顺化郡，宝安县改名东莞县等。

秦始皇名“嬴政”，为避讳“政”字，就改“正月”为“端月”；东汉的开国皇帝光武帝名“刘秀”，“秀才”的称谓犯其名讳，因此当时的“秀才”被改称为“茂才”。《唐律疏议》还专门规定，故意犯避讳者为“大不敬”，属“十恶不赦”[①]罪之一。

清朝乾隆皇帝为避讳先祖顺治皇帝福临的名讳，曾下诏门联中不许有“五福临门”四字。上行必有下效，官吏们也自制避讳。最典型的事例是北宋一个名叫田登的州官，强令一州百姓只能“点火”不能“点灯”。

① 唐代的十恶不赦之罪：谋反、大逆、谋叛、恶逆、不道、大不敬、不孝、不睦、不义、内乱。

元宵灯会

明太祖朱元璋因为当过和尚，又是造反起家（旧时称“贼寇”），因此称帝后忌讳“光”“僧”“贼”这些字，读书人写文章时不小心用了这些字的，会惹来牢狱之灾，甚至杀身之祸。

清初文字狱在中国历史上最为严重。康熙皇帝当政时，浙江有个人刻印了一部《明史》，书中有一些对清朝统治不敬的字句，与此书相关的70余人都被处死。有人在窗边读书，风吹乱了书本，随手写下了一句“清风不识字，何故乱翻书”，也被认为意在影射清朝当权者没有文化，被砍了头。雍正年间，一位江西考官在一次考试中出了一道试题“维民所止”，此题出自《诗经》，有爱民之意。有人附会出“维”和“止”两字是“雍正”两字去头，罪大恶极。主考官及其子都被杀害，江西士子们也因此事受牵连，多年被禁止参加科举考试。

隋唐科举考试开始后，学子们做文章，避讳是头等大事。因为“举场试卷，小涉疑似，辄不敢用，一或犯之，往往暗行黜落”，任你才高八斗、笔生莲花也无济于事。这些避讳除了以上“官讳”外，还包括宰相之讳、主考官之讳等。在文章中涉及这些需要避讳的人名时，也是用改字、空格、缺笔的方式解决。

违背官讳的后果很严重，轻者危害个人前程，重者可能危及自己与家人的生命，因此历来被人们重视。

“私讳”包括前辈、长辈之名以及地方官及尊崇之人的名讳。中国人一向都有尊祖敬宗的习俗，祖先的名字和长辈的名字都不能直呼不讳。晚辈的名字也绝对不能与长辈的名字相同或相近。否则，会被认为是一种“欺祖”的行为。所谓“子不言父名，徒不言师讳”。《世说新语》记载了一个犯私讳的“笑话”，东晋桓温之子桓玄在家招待客人，有一位客人嫌酒太凉了，请侍者给“温一温”，不小心触犯了主人的“私讳”。桓玄一听“温”字就号啕大哭，哭得上气不接下气，犯讳的客人之尴尬可以想象。

汉语的禁忌，最忌讳的莫过于“死”字。为了避讳“死”字，中国人创造了“崩”“卒”“疾终”“成佛”“殁”“下世”“谢世”“逝世”“升天”“老了”“捐躯”“牺牲”等等上百种代替“死”字的说法。广州一带，日常说话干脆用“生”字代替“死”字，如把“气死我”说成“气生我”,把“笑死我”说成“笑生我”。有些地方甚至把姓“史”的“史”（与“死”谐音）念成“吏”，姓“施”的“施”念成“胜”。

经商这样一个在古代社会风险比较高的行业，语言方面避讳之处也比较多。比如，不同地区、不同国家经商者都忌讳与凶祸相关的词语。中国民间自古就有“说凶即凶，说祸即祸”一说，也相信“祸从口出，病从嘴入”，商人们在经商过程中最注重人财物安全，最忌讳提到会带来祸事的不祥字眼。

如广州方言中“空”与“凶”同音，所以把“空屋招租”改成“吉屋招租”。直到今天,全国各地还是随处可见“吉屋招租”的告示。还有一些寓意不吉的词语也属需要忌讳的范畴。如“眉毛倒了”有“倒霉”之意、“梨”与“伞”有“离散”之意，这些都是商人平常忌讳的字眼。如今，依然有个别人忌讳多人分吃一个梨，因为含有“分离”之意。

最喜欢“讨口彩”的香港人语言忌讳就更多了。如香港人探望病人和亲友时，对送花也有讲究。忌讳送剑兰、茉莉、梅花等花束，因为这些花名的谐音有不吉利的寓意，“剑兰”与“见难”谐音、“茉莉”和“末利”谐音、“梅”与“霉”谐音。

南方多水乡、海域，乘船是商家主要的交通工具。在古代，相对于陆路交通，走水路、海路有较大的危险性，船翻人亡的悲剧是最可怕的境遇。因此船家最忌讳“翻”“沉”“倒”“漏”“住”“散”“火”等字及引起此类联想的字词，尤其是与“翻”字有牵连或者能够产生联想的，都在禁忌之列，有时连翻动的动作都忌讳。如把“帆布”（“帆”谐音“翻”）说成“抹布”；吃鱼、煎鱼过程中不能说给鱼翻身，而要说把鱼“正”过来；忌把盆碗等器具翻过来扣着；做煎饼只煎一面，忌翻面；水手不得翻卷裤脚；摘下帽子要口向上放，不能翻扣；甚至连锅盖也因有翻扣的意思而避讳，不叫锅盖而叫“捂气”。盛饭不说“盛”（因“盛”与“沉”音近），改称“添”饭；饭后忌讳把筷子架在碗上，因为筷子又称“箸”，与“住”同音，筷子放在碗上有船“停滞不前”的意思，也犯忌讳了。船主也忌讳被称呼“老板”，喜欢被称为“船老大”或“掌柜”。

帆船

发财致富是很多人的梦想，旧时，中国人见面打招呼，爱拱手说“恭喜发财，恭喜发财”。因为财运好坏直接关系到人们的切身利益，俗话说，“商人无利不起早，行走千里为求财”。时时处处惦念着发财，就会时时处处提防着破财。

比如春节期间，各家各户都要请财神。如果有人上门卖财神像，即使家里已经有好几张了，也要说“我们家请一张”，或说“我们家已经有财神爷了”，最忌讳说“你走吧，我们不要”，这被认为是在往外撵财神。

河南、山东等许多地方过年过节时忌讳说“少”“没”“光”“不够”“烂”“完了”等破财语。假如有人问“年糕还有吗”，即使没有，被问到的人也要说“满了”；水饺煮破了要说“挣了”。河南还忌讳数饺子，更忌讳“少了”；鞭炮声要说“叭叭叭”，不能说“砰砰砰”，因为河南话“叭”谐音“发”，“砰”谐音“崩”，有砸锅之意。

比起我国的其他地区，珠三角和台湾地区的商业一直比较发达，对破财语的忌讳也比较多。许多香港人说广东话，忌讳“祝您快乐”“新年快乐”等这些很常见的吉祥话。因为用广东话说“快乐”与“快落”(失败、破产的意思)同音。通常香港人改说“万事如意”“恭喜发财”“新年发财”。饭店开张聚餐时，不能叫“白粥”“斋面”“炒饭”“炒蛋”。因为,“白粥”有“一无所有”之意,而“斋”与“灾”谐音,“炒饭”“炒蛋”让人联想到该店可能被同行“炒掉”、挤垮。

香港酒家饭馆的伙计及掌勺师傅也最忌讳说“炒菜”“炒饭”，改用“爆 ××”“炸 ××”“肉饭”等取代，因为“炒”字有“炒鱿鱼”(被解雇)的意思。香港人忌称长辈“伯父”“伯母”,因与“百无”(一无所有)一词的音相近。

广东一带以往喜好赌博，特别忌讳“输”字。比如，忌讳店员在店铺里看书；有一种专在中秋夜卖的木鱼书也改称“月光赢”；“丝”在广东话里与“输”读音相同，因此“丝瓜”改称“胜瓜”；“干”有“输光”之意，改称“润”，因为“润”有“润色”“油水”“发财”之意，所以，“豆腐干”叫“豆腐润”；“猪肝”也改称“猪润”，“鸡肝”叫“鸡润”。

三、数字吉祥

不同民族有不同的语言文字，这给不同民族之间交流与商业往来带来了一定的困难。目前全球都通用阿拉伯数字，这给不同国家与地区商贸活动的进行带来了极大的便利。需要注意的是，由于历史与文化的差异，不同民族与地区对数字也有不同的忌讳与爱好。我们对此一定要有所了解，避其忌讳、投其所好，力争商业交易的成功。

1. 中国人眼中的吉祥数字

由数字构成的吉祥语，是一种特殊的吉祥文化形式，而中国人的数字观也从不同的角度体现出无处不在的中国吉祥文化。由此，看似简单的阿拉伯数字在中国传统文化中就构成了独有的吉祥事象，它不仅仅是表示数量多少的符号，而且包含着特有的吉祥含义。最有趣的是，与其他国家不同，几乎每一个数字在中国人看来都有其特定的吉祥含义。

在中国古人的意识中，较为注重的是数字的阴阳之分，如奇数为阳数，偶数为阴数，过去民间房屋有 3 间、5 间，高官显贵不过 7 间，皇室所居才能 9 间，只有阴宅，房间数量才会出现偶数。另外，古人眼中的数字多与五行术数相联系，反倒不太重视其谐音。但在现代人看来，数字的谐音及寓意都很重要。

在吉祥数字中，一种情形是因汉字的谐音而取义。同意相谐或近音相谐是汉语中的常见现象，而当数字与汉语中的一些代表吉祥意蕴的汉字同意或近音时，其中的吉祥意义就可能嫁接到数字上来，进而形成由数字构成的吉祥语。因为数字“8”在广东话中谐音“发”，代表繁荣、财富和地位，故而“8”成了中国人眼中最吉祥的数字。“9”与“久”谐音，“5”与“我（吾）”谐音，于是便有了“9898”（久发久发）、“5858”（我发我发）。值得注意的是，一些本身吉祥意蕴不明显的数字，也会因某种特定的语境而被赋予吉祥意义。如“1”在传统发音中的“幺”发音同“要”，由此可以与其他数字组成众多吉祥数字组合：“128”（要儿发）、“158”（要我发）、“178”（要去发）。

一些喜庆活动，诸如店铺开业、乔迁新居等时间的选定，以及住宅与店面的选择、电话与汽车号码的选择等等，吉祥数字都会成为首选。一些众望所归的吉祥号码采用拍卖的方式，如电话号码“88888888”以 233 万元人民币高价拍卖，买主是四川航空服务热线。

据说，迄今为止最贵的电话号码出现在 2006 年卡塔尔一个慈善拍卖会上，电话号码是“6666666”，价值 280 万美元；在卡塔尔，“6”代表神圣。另传，最贵的车牌号码出现在 2007 年的阿联酋一个拍卖会上，价值 680 万美元，最终由一位阿联酋商人获得。

吉祥数字的另一种情形是由象征联想比附而成义。如数字“2”意味着“和谐”与“好事成双”，“6”寓意“顺利”与“如意”，“9”代表了“长久”与“美满”。古人心目中这些数字的吉祥含义，与吉祥事象结合起来，便使之具有了神秘的吉祥色彩，集中体现在用数字组成的吉庆祝贺语。通过这种组合方式，从一至十，乃至百千万，都可与商业及生活中的吉祥事象相结合，比如“一帆风顺”“好事成双”“三羊开泰”“四季平安”“五福临门”“六六大顺”“七星高照”“八方来财”“九九同心”“十全十美”“百事亨通”“千事顺遂”“万事如意”等等。

另外的组合方式也很常见，如“生意兴隆通四海，财源茂盛达三江”“一年四季行好运，八方财宝进家门”“门前大道通八方利路，店后小溪纳四面财源”“四面八方客来客往客不断，十全九美货进货出货无存”。这些吉祥话集聚了国人心中所共有的美好期许与祝愿，它不仅普遍应用于商业，更体现在人们的日常生活中。

个别数字被人们忌讳。中国南方有些地方比如广东等地，因为“4”与“死”谐音，所以遭到排斥。再如台湾地区，避讳“4”的语言禁忌就很多。如医院里没有 4 号楼与 4 号病房；公共汽车没有 4 路；忌 4 月婚嫁；送礼应酬忌送 400 元等等。车牌照的尾数也没有数字“94”，因“94”在方言中与“辗死”同音。日本人忌讳“4”与“10”，在日语中与“死”相近。日本人还忌讳“42”这个特殊的数字，因为“42”的发音是“死”的动词形式，医院里一般没有“4”和“42”的房间和病床。用户的电话也忌讳用“42”。

有趣的是，在山东潍坊，数字 4 却是吉祥数字，当地人把“4”看作四季平安的象征。在结婚与宴会这些寻常百姓眼中最正规、最讲究的场合最喜欢用数字 4。如结婚时讲究“四红四喜”，新房的炕上须有四床新褥子、四床新被子，称“四铺四盖”，取新人四季平安之意；新房的小桌上摆上四盘点心、四盘水果，祝福一对新人未来的生活四平八稳、甜甜蜜蜜。传统的潍坊宴席还讲究“四四到底”，即“四凉菜、四热菜、四锅烧、四汤菜”，开宴前还有四碟果盘、四碟点心等等，可见潍坊人对数字 4 的重视与喜爱。

2. 吉祥忌讳各不同

除中国外，许多国家也有避讳不祥数字的意识。一般来说，欧美等西方国家以及受西方文化影响较大的地方，都忌讳数字 13 和“星期五”，并将之作为最不吉祥的数字和日子。假如 13 号与星期五碰巧是同一天，那更是凶险无比，被称为“黑色星期五”，许多西方人会选择待在家里度过这一天，而不进行任何商业活动，以躲避可能出现的天灾人祸。

西方人对数字 13 的避讳很普遍。如欧洲许多高楼没有第 13 层，很多机场漏过了第 13 扇门，医院和旅馆通常也没有 13 号房间。在荷兰，很难找到 13 号楼和 13 号门牌，他们用 12A 取代 13 号，意大利佛罗伦萨街道的门牌号用 12.5 取代 13。在英国的剧场，没有 13 排和 13 座。法国人极聪明，在剧场的 12 排和 14 排之间设置人行通道。欧洲人忌讳 13 日出游，忌讳于 13 人同席就餐，忌讳 13 道菜。

不少历史名人也有“13 日”和“星期五”惧怕症，比如德国大文豪歌德在这个日子不工作；德国著名的“铁血宰相”俾斯麦在这个时间既不签署任何条约，也不签署任何文件；人称“奇迹创造者”的拿破仑也绝不在这两种情况下用兵。

西方对“13”的忌讳源于与耶稣有关的传说：西方很多人都信奉基督教，《圣经》是基督教的经典。《圣经》上说耶稣受害前和弟子们共进了一次晚餐，这一天是 13 号，参加晚餐的第 13 个人是耶稣的弟子犹大。犹大卑鄙地出卖耶稣，致使耶稣被钉在了十字架上。西方人对此深信不疑。达·芬奇把这个故事绘成了名画《最后的晚餐》。自此，13 在西方成为不幸、背叛的同义词，成为西方人最忌讳的数字。

达·芬奇《最后的晚餐》

由此可见，不同地区、不同民族基于各自的文化特色，对数字所寓示的吉祥与禁忌有着截然不同的认知。一些在中国人眼中的吉祥数字，到了其他国家往往就会截然不同。这一点在世界贸易中尤其值得注意。

譬如，数字 6 在中国文化中昭示着顺遂，是吉祥数字，“666”在不少人看来就意味“顺顺顺”。但西方人认为“666”是应该忌讳的“魔鬼”数字，其“根据”来自《圣经》。在圣经中的“魔鬼日”里，额头上印有“666”标记的魔鬼撒旦将降临人世，给人类带来灾难，那些魔鬼的追随者们也都标有“666”作为记号。

西方人对“7”颇有好感。也许是因为“7（seven）”的发音与“平安（Safe）”的发音有点接近。《圣经》上说，每个星期的第 7 天，是信徒休息、感恩上帝的好日子，称作礼拜日。每个星期有 7 天，7 代表着轮回、生命力和改变。因此，“777”是西方人眼中最幸运的数字。2007 年 7 月 7 日这一天被不少美国人看作象征神圣和幸运、最适合结婚的好日子。据说，一个会员超过百万的婚礼网站有 6 万多人选择在这个幸运日结婚。

韩国与日本虽说都是深受儒家文化影响的国家，但也有自己独特的文化特色。譬如韩国人比较喜欢的数字是“7”和“3”。喜欢“7”

是因为受西方文化影响，喜欢“3”是因为韩国人认为“3”代表着完成、最高、稳定、神圣和福气。韩国的文字就是以“天、地、人”的原理创制的，“三酱”（酱油、辣椒酱、大酱）是公认的韩国饮食文化的基础。韩国人名也经常以“三”取名，《加油！金三顺》是一部颇受韩国人喜欢的电视剧，剧中女主角的名字就叫三顺。

前面提到过，日本人忌讳数字 4 与 42。13 也是日本的忌讳数字。另外，日本人给新婚夫妇的红包要送单数，忌讳 2 及其倍数，认为 2 这个数字容易导致夫妻感情破裂。

泰国人的习惯是喜欢“9”讨厌“6”。因为在泰语中，“9（音告）”的发音与泰语的“上升、发展、进步”是一个音；“6（音浩）”的发音与泰语的“下坡路、不好”是同一个音。所以每当泰国在全国拍卖吉利车牌号时，带 9 的号码总是最先被抢光。与此相反，在泰国的中国人可以不用多花一分钱就可以得到最喜欢的带 6 的号码。泰国人还比较喜欢重叠数，比如“1919”“8787”“4477”等。

趋吉避凶是人们普遍的生活法则，禁忌重重也不是中国特有的现象，而是全人类普遍具有的文化现象。因而，伴随着中国的日益开放，在与不同民族、不同地区进行商业往来时，就应该注意或尊重对方不同的文化习俗。尤其是确定商业谈判、合约签订的时间与地点时，都要尽量注意趋吉避凶，避开双方各自忌讳的数字。甚至计划进出口的物品数量、产品的外包装上，都要注意不要出现这些商贸对象忌讳的数字。

第四章 行业祖师与财神爷

中国素有“三百六十行，无祖不立”之说。所谓“三百六十行”泛指中国古代诸多的行业，而“无祖不立”则是指每个行业都有自己的行业祖师。各行从业者大多都会为其祖师修建祠堂庙宇，或直接将祖师神像请到店铺中享受香火。行业祖师在本行业的地位是至高无上的，但其局限性也是明显的。因为它的神通仅限于本行业之内，所庇佑的仅限于本行业的从业者。

除了专属于本行业的行业祖师之外，不同的行业还会以最虔诚的心态供奉共同的神灵——财神爷，财神爷是所有工商行业共同信仰的神祇。行业祖师崇拜与财神爷崇拜是古代工商业者民间信仰的重要内容。

在科技相对落后的过去，所有从事商贸活动的人，无论是行商还是坐贾，往往会把自己及家人的平安吉祥、发家致富都寄托于行业祖师与财神爷的庇佑上。所以，行业祖师崇拜与财神爷崇拜是吉祥商贸中的重要内容。

一、行业祖师崇拜

中国民间素有泛神论的传统，不同的行业门派各有自己的师承与信仰，并最终形成了每个行业特定的神祇。但从行业祖师崇拜形成的根源上看，应该与中国古代商人较低的社会地位有密切关系。

1、崎岖商路盼吉祥

中国古代历朝都以重农抑商为基本的经济指导思想，原因是：第一，农业是国计民生的根本所系，而工商业则是“末业”，会妨碍生产的正常进行。第二，农民是社会中唯一的生产者，而其生活却非常贫苦，从事工商末业的工商业者是不生产的，但生活反而非常优越。这种反常现象是造成诸多社会问题的根源，因而必须加以纠正。《商君书·外内》中具体论述了重农抑商的原因：

民之内事，莫苦于农，故轻治不可以使之。奚谓轻治？其农贫而商富，故其食贱者钱重。食贱则农贫，钱重则商富，末事不禁，则技巧之人利，而游食者众之谓也。故农之用力最苦，而赢利少，不如商贾、技巧之人。苟能令商贾、技巧之人无繁，则欲国之无富，不可得也。

为了使商人的社会作用不至于过分膨胀，保证“小不得僭大，贱不得逾贵”的等级关系不发生动摇，历朝统治者更是想方设法把每个人都相对固定在其原来的阶级、门第、身份、职业上，使“士之子恒为士”，“农之子恒为农”，“工之子恒为工”，“商之子恒为商”，进而让商人永远处于低下的社会地位。

中国古代的“抑商”政策是全方位的，历朝统治者从经济、政治、伦理诸方面对工商业者加以“抑”“困”“辱”“贱”，使商人成为受社会歧视的“贱民”，商业也成为“贱业”。

（1）经济上“困”

古代封建王朝从经济上对城市工商业者的各种限制主要是尽可能使其经营无利可图或获利不多，其目的在于通过减少工商业者的资本积累，来缓解工商业资本对自然经济带来的负面影响。采取的措施主要有以下五个方面：

一是“重租税以困辱之”，即尽可能地加重工商业者的赋税负担，使其赢利降至最低限度。自汉代开始，政府就向工商业者征收算缗钱，即财产税，而且税率相当高。其他财物如车、船等，税率也比普通百姓高出一倍或两倍。

二是对最为有利可图的盐、铁、酒等行业实行政府专卖制度，禁止商人参与。这一制度早在春秋战国时期就已由齐国率先实行，此后的历代王朝基本上都奉行不替，其垄断种类主要集中在盐、铁、酒几项，尤其以盐、铁最为普遍。

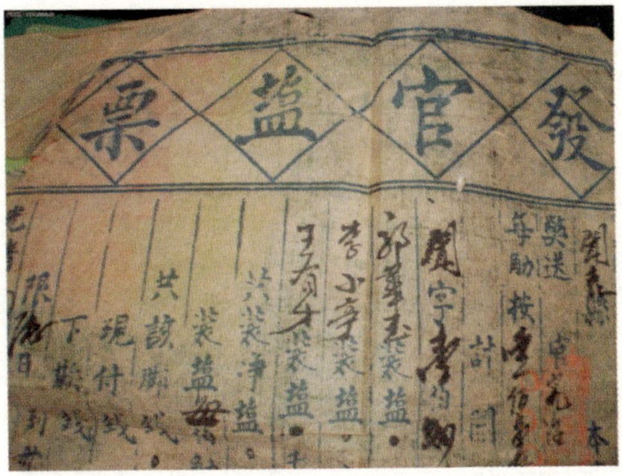

光绪年间的盐票

三是实行土贡制度和官营手工业制度。所谓土贡制度，就是将各地的土特产，包括农产品、矿产品、手工业制品、林牧产品、渔产品等，凡是统治者所需要的，都必须“任土作贡”[①]；所谓“官营手工业制度”，就是由官府自行制造所需要的手工业产品。这两种制度把大量本来可以当作商品来生产或贩运的物品，都越过工商业的市场经营程序，而直接从民间索取或由官营手工业自行制造，这就把商品经济中很大一部分利润从根本上控制在政府手中。

四是不断改变币制，使商人积累的大量货币财富丧失或减少价值。如西汉武帝元狩六年（公元前 117 年），汉武帝因富商巨贾“不佐国家之急”而下诏“改币以约之”。

五是发布“告缗令”，直接没收工商业者的财产，这也是政府对工商业者所能够采取的最为极端的措施。从中可见，历代王朝对工商业者的抑制可谓是无所不用其极。

（2）政治上“抑”

所谓政治上的“抑”主要是尽力贬低工商业者的社会地位，尤其是抑制工商业者借助其在经济上的优势而通过非正常途径获得政治地位。从政治上对工商业者加以压抑的政策约始于秦。秦始皇曾颁布“七

① 关于土贡的范围及贡物种类，唐朝的文献记载比较系统和具体。在《新唐书·地理志》《通典》《元和郡县图志》《通鉴地理通释》等书中都较详细地记载了各道州府的贡物名称。如唐朝十道诸州中代表黄河流域的河南道河南府，其土贡物品就包括文绫、缯、丝、葛、埏埴盎缶、枸杞、黄精、美果华、酸枣；代表淮河流域的淮南道扬州，其土贡物品包括金、银、铜器、青铜镜、绵、蕃客袍锦、被锦、半臂锦、独窠绫、殿额莞席等等。

科谪”。这里“谪”是指流放或罚做苦役；“七科”则是指应受惩罚的七种人，包括：犯罪的官吏、逃亡的罪犯、赘婿、有市籍的商人、本人有过市籍的、父母曾经有过市籍的、祖父母有过市籍的。可见，市场中的工商业者被视同于罪犯，而且一旦有过市籍，三代都要受到株连，在国家需要征发劳役时首当其冲。进入汉代，汉高祖刘邦继承并发展了秦朝的抑商政策。据《史记·平准书》记载：

> 天下已平，高祖乃令贾人不得衣丝乘车，重租税以困辱之。孝惠、高后时，为天下初定，复弛商贾之律，然市井之子孙，亦不得仕宦为吏。

可见，封建时代在抑商辱商方面所采取的“基本国策”，在秦汉时期已基本形成，并为此后历朝所遵循。隋唐时期开始的科举考试，为平民登上仕途提供了一条捷径，但还是把商人排除在外。据唐朝的法令：“工商之家，不得预于士”（即工商业者及其子孙仍然不能参加科举考试）。这表明古代工商业者要想通过正常的途径登上政治舞台几乎是不具有任何可能性的。不仅如此，为了保证官贵商贱，同时也为了防止工商业者通过一些不正当的途径与官员联系，秦汉及以后的各王朝还有不许官员进入市场的禁令，而且不允许州县的太守或县令与工商业者在公堂同坐。

不可否认，在中国历史上也有一些曾为工商业者却被委以重任的官员，如汉代著名的桑弘羊、孔仅、东郭咸阳等。当时汉武帝因连年征战，国家财政面临着严重的困难，只读孔孟之书的朝官们对此一筹莫展。汉武帝大胆起用了桑弘羊、孔仅、东郭咸阳这三位“言利事而析秋毫”的理财能手，并大力推行平准均输和盐、铁、酒的官卖制度，打击了一批富商巨贾，使国家财政状况得以迅速好转。

（3）人格上“辱”

古代王朝除了使用经济、政治手段对工商业者加以限制外，还在人格上对工商业者进行各种形式的侮辱，其目的在于通过这些办法，把工商业者贬抑为下等人，让人把经商看成一种可耻的低等职业。历代“辱”商的措施花样颇多，表现在：

其一，从服饰上对工商业者加以侮辱。自秦汉时期，法令就规定工商业者不得穿以丝织物为面料的衣服。晋朝时更规定市场中的工商业者都应戴头巾，并在头巾的额头部位缝一白布条，写明所经营的范围和本人的姓名；脚下的鞋子应一只白，一只黑。

其二，工商业者不允许骑马、乘车，并不得随身携带刀剑之类的防身武器。

其三，将工商业者看作“可啖之物”，可任意驱使、勒索。自秦汉时期起，凡平民百姓不愿承担的劳役、戍边等徭役、兵役，工商业者往往要首当其冲；官府可向其无偿勒索自己所需的各种物品。直到唐宋时代，宋代名臣范仲淹还曾明言：“既不取之于山泽及商贾，须于农。与其害农，孰若取之于商贾？”（《梦溪笔谈》卷十二）

其四，禁止工商业者占有土地。西汉武帝时，法令规定：“贾人有市籍者，及其家属，皆无得籍名田，以便农。敢犯令，没入田僮。”（《史记·平准书》）汉哀帝时又重申：“贾人皆不得名田、为吏，犯者以律论。”（《汉书·哀帝纪》）规定商贾占有土地为不合法行为，既有不允许具有强大经济势力的工商业者与农民竞争的意义所在，同时也进一步阻断了工商业者政治地位上升的途径，使农之子恒为农、商之子恒为商。直到南宋时期，名臣真德秀还曾言：“人户之挂名籍者，终其身以至子孙，无由得脱。”（《真文忠公集·罢黄池铺行状》）古代工商业者正是在这样一种为人所不齿的环境中艰难生存，既得不到社会地位的上升，又难以改变职业，其中的窘迫与无奈无以言表。

（4）伦理上“贱”

古代中国在经济上困商、政治上抑商、人格上辱商，也必然会导致伦理上以经商求利为耻的“贱”商观念的形成，所谓“君子喻于义，小人喻于利”，城市工商业者在世俗眼中都成了贪图小利的奸佞之徒，而安分守己、甘于贫穷则被视为品行端正。西汉时期的董仲舒更进一步将孔孟的贵义贱利思想上升为存义去利思想，即“正其义不谋其利，明其道不计其功”[1]。这种极为片面的义利观，长期被看作正统观念，对中国古代社会产生了极大的影响。

然而，治理国家毕竟不能仅靠仁义而忽视物质利益，社会中的任何人也都不可能仅靠奢谈仁义道德生存下去，于是在“此利”与“彼利”之间就有了明确的区分。首先，由于农业为“本业”，为富国强兵之本，并为国家所提倡，因而讲求农桑之利在传统看来是务本，在伦理上则与“义”相近。其次，读书做官以求得俸禄，这本质上是利，即使是皇帝也常以封土食邑、功名利禄劝诱臣民，世俗更称之为“书中自有千钟粟”“书中自有黄金屋”。但这种利是“君禄”，当然是“义”之所在。相反，工商业原本就属“末业”，为祸乱之源，并为国家所限制，因而讲求工商之利纯属那些专靠投机取巧的小人所为，理应大加挞伐。由此，工商业成为末技、贱业，从业之人也成为低贱者。

商人对吉祥的渴望，更多的还来自职业本身。商人身携数万之资，经山川波涛之险，不仅要熟悉经营所到之地的风土、物产、人情及斛斗秤尺，还要善于辨认银色、区别货物高下及掌握讨价还价的技巧，更要熟悉账目、掌握信息、精打细算、精通管理，各个环节稍有不慎，即有倾家荡产之虞，甚至会有性命之忧。与此同时，商人还要善于同官府及车、船、店、脚、牙等社会诸色人等往来，既要保障自身的利益，又要巧于应付官吏土豪的敲诈勒索。凡此种种，都要求商人不仅要有足以应变万事的聪明才智，还要有甘冒各种风险的勇气。

另外，从行商、坐贾与掮客这些不同的商人群体来分析，无论是那些财力雄厚的大商帮，还是那些走街串巷、上山下乡的小商人，行商主要从事的就是贩运贸易，以有易无、买贱鬻贵。但在交通不畅、道路不平的古代，他们利润的赚取往往是以生命为代价的，所以行商比社会的其他任何一个阶层都更加祈望平安，于是他们开始出门测吉

---

① 《汉书·董仲舒传》。

日、敬佛保平安。坐贾在经营方式上虽与行商有很大的差异，但竞争却更为激烈。山川之险，风盗之惊，时疫之扰，对社会的其他阶层而言可能百年不遇，对商人而言却视若寻常。也正因如此，千百年来经营致富者固然不乏其人，倾家荡产乃至抛骨他乡者也时有所闻。从某种意义上说，正是坎坷的经商路催生了缤纷多彩的行业祖师崇拜文化，商人希望借此凝聚同行并得到祖师的护佑。

2. 拜神与造神

行业祖师也称行业神，各行业集资为行业祖师修建祠堂或庙宇，并把行业祖师的神像请到家中或店中享受香火。以曲艺相声业为例，早期相声艺人的口头禅是“我们是靠祖师爷赏饭吃的”。每一个新入行的相声从业者都要在师父的带领下，到祖师爷的牌位前烧香磕头，求“祖师爷赏饭吃”，其后才能成为这一行的正式弟子，可见祖师爷地位之重要。

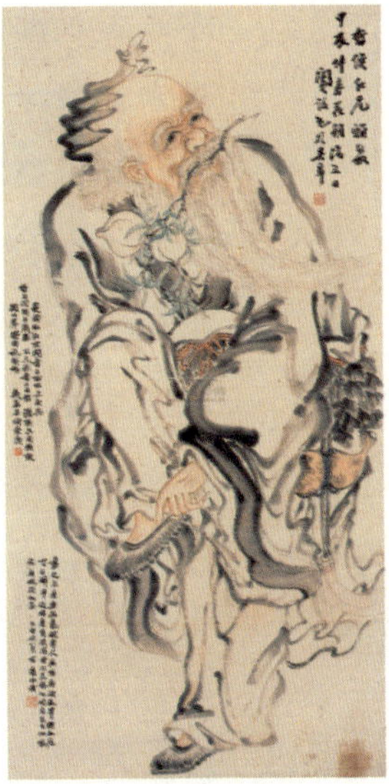
东方朔偷桃图

古代社会的造神运动肇始于原始社会时期。随着社会分工的发展，形成了许许多多不同的行业，人类随之“造”出了许许多多的行业祖师，并以此作为本行业的神祇。学者李桂奎在《人神之间》中系统分析了行业祖师的由来：“在原始人类的朦胧认识中，生前威力巨大的人，死后的鬼魂也一定是有威力的。为了自身生存的安全，他们就把这些人神化，作为可以依托的保护伞。这种原始信仰为后世造神运动中的人成为神的现象打下了基础。于是古代许多德高望重的名哲贤臣和拥有一技之长的人物便不断地被神化，从而得到人们的奉祀和朝拜。”[①]可见，行业祖师除了有些传说中的神灵外，绝大部分是古代历史中存在过并具有一定影响力的著名人物，后人把他们神化为行业神。

每个行业都有自己的神祇，而且随着行业的扩张与发展，有些行业还有新的神祇加入，会拥有多个神祇。所以，行业祖师的队伍也是颇为庞大的，列举如下：

农业：神农、黄帝、伏羲、后稷等

木瓦石匠业：鲁班

泥水匠业：有巢氏

冶炼铸造业：太上老君、投炉神、鲁班

煤炭业：窑神

鞭炮业：祝融、李畋、无敌火炮将军

水旱烟业：诸葛亮、火神、吕洞宾、关公

香烛业：关公、九天玄女、黄昆、葛仙等

弓箭业：黄帝

陶业：范蠡

铸业：太上老君

丝线业：三皇、嫘祖、织女

盐业：管仲、张道陵、张飞、炎帝、葛洪等

银钱业：财神、关公、招财童子、太上老君、秦裕伯

造纸业：蔡伦、文昌帝君

成衣业：关公、三皇、周武王宫婢

酒业：杜康、司马相如、李白、二郎神、龙王等

茶业：陆羽、唐明皇、灶君等

厨师业：彭祖、灶君等

---

① 李桂奎：《人神之间》，广东教育出版社，2003，第 49 页。

屠宰业：樊哙、张飞等

医药业：伏羲、神农、扁鹊、华佗、孙思邈

梨园业：老郎神、唐明皇、吕洞宾等

理发业：罗祖、黄帝、卢天赐

说书业：孔子、张果老、丘处机等

杂技业：吕洞宾、唐明皇等

占卜业：伏羲、周文王、姜太公等

镖师业：伏羲、达摩、岳飞

以上行业祖师可被分为两大类，一类是确实存在过的历史人物，这部分人所占比重较大；另一类是人们虚构的、神话传说中的人物。

3. 历史人物类行业神

被推崇为祖师爷的历史人物可谓各不相同。其中，那些与这个行业的发明创造有关的历史人物，是名副其实的行业祖师。如中国古代四大发明之首的造纸术是由东汉时期的蔡伦改进的，蔡伦当之无愧成为造纸业的祖师。

与之类似的是酒业祖师杜康。据传杜康是夏朝人，据《史记·夏本纪》及其他历史文献记载，杜康少年时以放牧为生，带的饭食挂在树上，常常忘了吃。一段时间后，他发现挂在树上的剩饭变了味，产生的汁水竟甘美异常，这引起了他的兴趣。于是他就反复地研究思索，终于发现了自然发酵的原理，遂有意识地进行效仿，并不断改进，终于形成了一套完整的酿酒工艺。杜康因此成为中国酿酒业的开山鼻祖，其所造之酒也被命名为“杜康酒”。

唐明皇即唐玄宗李隆基，是唐朝开元盛世时期的统治者。唐玄宗酷爱音乐，6 岁能歌舞，精通音律并可演奏多种乐器，如琵琶、羯鼓、横笛等，羯鼓的演奏技艺尤为高超。他对唐代的音乐制度做了多次重大改革，促进了中国音乐艺术的发展。他设立梨园，扩充教坊，培养了许多优秀的音乐艺人。在他生活的年代，他算得上是世界罕有的作曲大师。他参与制作了《圣寿乐》《小破阵乐》《霓裳羽衣》《凌波曲》《春光好》等多部乐曲，可惜现今存世者很少。因为唐明皇在音乐歌舞方面多有创造，所以被奉为梨园业的祖师。

另一种荣膺行业祖师的历史人物尽管不是这个行业的创始人，但因对这个行当有特殊贡献或备受尊重而上升到行业祖师的地位。这种行业祖师所占比例颇高。

鲁班

宋末元初的黄道婆由于传授先进的纺织技术以及推广先进的纺织工具，对纺织业的发展与传播做出了很大的贡献，后被尊奉为布业与纺织业的祖师。能工巧匠鲁班发明了许多劳动工具，被木瓦石匠业与冶炼铸造业等众多行业奉为祖师。“药王”孙思邈与“神医”华佗也是因为对医学的突出贡献，而成为医药业的祖师。

与以上罗列的几个行业祖师不同，还有些历史人物能成为行业祖师，一是因为这个行业的创始人无从考据，二是因为他与这个行业确有一定的渊源，并在这个行业有相当的知名度。

渔业公推姜子牙作为祖师，这自然是取自“姜太公钓鱼，愿者上钩”的典故，一贫如洗的姜太公在渭水河畔一下子钓出了一个太师前程来，确实是历史上最成功的钓叟。樊哙与张飞成为屠宰业的祖师，既是因为樊哙与张飞在出道从军前确实都做过屠夫，也是因为两人的性情与外貌更符合人们心中屠夫的形象。

4. 神话人物类行业神

被尊为行业祖师的神话人物可进一步分为以下两类：一类是那些中国神话中能量巨大的创世神灵和人类始祖。如传说中“抟土造人”的女娲，作为泥塑业的祖师肯定是没有异议的，因为其后再伟大的泥塑匠也不会达到女娲那样能用黄土“造人”的水平。

中华民族的人文始祖黄帝制衣冠、建舟车、造宫室、兴文字，因此被众多行业奉为祖师。弓箭业、裁缝业等都不约而同地争抢黄帝作为祖师。

炎帝号称神农氏，从名字上即可看出其最擅长的是农业。清马骕《绎史》卷四引《周书》云："神农之时，天雨粟。神农遂耕而种之，作陶冶斧斤，为耒耜锄耒辱，以垦草莽。然后五谷兴助，百果藏实。"这段话的大意是炎帝既发现了五谷与百果，又发明了许多农业劳动工具。因此炎帝成为农耕行业祖师确实是无可非议的。伏羲是上古中国与女娲齐名的神通广大的神灵，被奉为农业、占卜业、镖师业的祖师。

第二类是上天诸神，人们按照他们在天界的职司而将其"对号入座"。如中国文学史上最神奇的爱情故事"牛郎织女"中，美丽的织女善于纺织，自然成为纺织业祖师的不二人选。《西游记》中那位炼出长生不老仙丹的太上老君则成为冶铸业祖师李老君。祝融是天上的火神，因此成为鞭炮业的祖师。渔业祖师海龙王、厨业祖师灶君和水业祖师水母娘娘等也都与其本身的职司有很大关联。

八仙的传说在中国早就家喻户晓。八仙是神通广大的八位神仙，因不畏强权而深受百姓爱戴。八仙也因其各自的特点而成为众多行业的祖师。如铁拐李成为膏药业祖师，可能是因为铁拐李的瘸腿经常需要用膏药，久病成医的缘故吧！风流倜傥的吕洞宾成为梨园业、杂技业、水旱烟业的祖师；倒骑毛驴、滑稽可笑的张果老成为说书业的祖师。

《八仙过海》

岳守荣所著《寿阳民俗》一书中记载了山西寿阳流传煤窑炭神的传说。相传，七峰山中一位孤苦伶仃的姑娘，与一只小羔羊住在一个窑洞里。冬日的一天，她在引着小羊羔上山打柴时，遇到一个凶暴阴险的财主。财主见姑娘长得秀美，想掠为已有，就命令打手们去抢捉姑娘。姑娘跑上山，财主和打手们在后面紧追不舍。山上忽然寒风怒吼，大雪纷飞，小羊羔把姑娘领进一个山洞里躲避风雪。这时，山洞里走出一位老人，给了姑娘一块乌黑发亮的石头，姑娘立刻感到浑身暖烘烘的。姑娘想问黑石头是什么宝贝时，老人就不见了。姑娘回到家，就把黑石头砸开分给了乡亲们，送到谁家，谁家就不冷了。从此，天一冷，姑娘便去山洞里向老人要黑石头，拿回去分给乡亲们驱寒取暖。传说，那位老人就是窑神。

冬至是寒冷的“数九天”的开始，这天在过去是开始生火炉驱寒取暖的日子，也是传说中窑神的生日，各地有冬至祭窑神的习俗：“冬至这天，各小煤窑都要停工一天，披红挂彩，张贴对联，响鞭放炮，大摆酒宴。把宰好的整猪、整羊供放在窑门口，给窑神爷庆寿，并祈求窑神爷保佑井下平安、消灾免难。”①

5. 祖师崇拜方式及其特点

几乎每一个行业的行会组织都会筹资建立供奉其祖师的殿宇，而且常年香火不断，在一些特定的日期如祖师爷诞辰、重要节庆等还要进行全行业参加的、大规模的祭祀活动。在众多的祖师庙宇中，鲁班殿、财神庙、关老爷庙的数目相对较多。

行业祖师们既享受行业组织的定时供奉，又接受每个从业者的四时香火。旧时每个从业者往往会在自己经营的店铺里显眼的位置，设置一个供奉祖师牌位的地方，在其前摆上香炉与时令鲜果或各色糕点，每天定时焚香礼敬。

不少文学作品中都有关于行业祖师的有趣记载。清代大学士纪晓岚曾在其编写的《阅微草堂笔记》中介绍了当时众多行业对祖师的崇拜。纪晓岚在书中提到：各行业都有自己祭祠的祖师，如梨园子弟们祭祀唐明皇，在衙门做事的人供奉萧何与曹参，做靴的祭祀孙膑，打铁的祭祀太上老君，等等。

---

① 宋尚学：《蔚县风情》，香港银河出版社，2000。

《阅微草堂笔记》还提到，个别行业对自己的行业祖师讳莫如深。如长随们每当祭祀其祖师钟三郎时，往往选择在夜晚，而且紧闭大门，目的是为了防止外人了解他们供奉了哪个神祇。纪晓岚转述了当时曲阜人颜子介的观点，即这是因为长随们认为钟三郎可能与“中山狼”谐音，不太中听。当然，行业祖师崇拜发展到今天，也发生了不少变化，不少行业搞不清自己的行业祖师是谁，不仅有乱供的现象，更多则是用供奉财神爷取代了自己的行业祖师。

中国工商业民俗中的行业祖师崇拜既体现了中国古代宗教中的泛神论倾向，又体现了中国民间信仰的功利主义倾向。王景琳在其《鬼神的魔力——汉民族的鬼神信仰》一书中对中国民间信仰的产生进行了总结。“从整体上说，汉民族崇拜一切鬼神，‘遇庙就烧香，见佛就磕头’。但人们烧香磕头，大多带有明确的目的。神佛世界神官鬼官有明确分工，各自掌管着不同部门，使人们求神佛办事时，总是各拜各的神。于是，求神拜佛、磕头烧香的时候，敬仰的因素少了，实用功利的成分多了。”[①]行业祖师崇拜源于从业者希望神灵保佑自己平安与发财致富的心理。因为他们确信，祖师爷决定着他们的命运，是家业兴旺还是贫困潦倒全凭祖师爷的意念。

二、无与伦比的财神爷

几乎所有行业的从业者都会无比虔诚地供奉着同一个神灵——财神爷。假如从世人所祭祀的神灵中选择一个接受香火最多的神祇，肯定非财神爷莫属。财神是中国民间普遍供奉的善神之一，每逢新年，家家户户悬挂财神像，每个工商店铺会在铺面店堂里常年置有“财神龛”，点着香烛。人人都希冀得到财神爷财源广进的保佑。

① 王景琳:《鬼神的魔力——汉民族的鬼神信仰》,生活·读书·新知三联书店,1992,第173页。

逢年过节、店铺开张之时，“恭喜发财”往往是最常见、最讨巧、使用频率最高的祝福语，专管人间财富多寡的财神爷也理所当然地成为最受欢迎的神灵。每年农历七月二十二日是财神爷的生日，大小商家对财神爷生日重视的程度事实上已经超过了其他民俗节日。因为如同农民种地、工人做工，商人这个职业的特点就是买贱卖贵、追求利润，既然赢利与否、赢利多少由财神爷说了算，财神爷对商人来说意味着什么就可想而知了。即使那些不信鬼神的人，也不会反感这样一位专门送人财富的善神。

哈尔滨市依兰县财神庙会

有趣的是，在中国财神也有好几位。不同时代、不同地域，最常供奉的财神是不同的，其中较出名的有正财神、文财神、武财神、偏财神、准财神。

赵公明是地位最尊贵的“正财神”，其下还有文财神、武财神、偏财神。文财神的组成最为复杂，财帛星君、禄星、比干、范蠡等都位列其中。武财神是“关圣帝君”关公；“偏财神”是兄弟五人组成的“五显财神”。

1.“正财神”赵公明

财神中地位最尊贵的非正财神莫属。赵公明，又称赵玄坛、赵公元帅，一向被人们奉为正财神。每年春节前后，农村家家户户迎财神、挂财神、祭财神，这个财神就是以招财进宝为己任的赵公元帅。

赵公明并不是天生的财神。从史书记载来看，赵公明的身份是比较复杂的，最早他曾经是人人避之不及的死神、瘟神。有关赵公明的记载最早见于晋代陶弘景的《真诰》与干宝的《搜神记》中。当时他还是一个可怕的、专管“勾取人命”的冥间之神。《搜神记》记载，有一位散骑侍郎王佑临终前正与老母诀别，忽听有人来访，此人声称奉冥神赵公明将军的命令，召王佑到阴间服役。这出让人肝肠寸断的“白发人送黑发人”的悲剧最终以喜剧收场，赵公明感念王佑孝母心切，宽限他到阴间报到的时间，让他继续在人间对母行孝。

到了隋唐时期，赵公明还成为人人避之唯恐不及的“瘟神”。古籍《三教源流搜神大全》卷四中记载，隋朝开国皇帝隋文帝杨坚执政时某一天，天空中出现了五位身披五色袍的神灵，见多识广的太史令启奏皇帝：“这是五方力士，在天为五鬼，在地为五瘟。这五瘟是春瘟张元伯，夏瘟刘远达，秋瘟赵公明，冬瘟钟士贵，总管中瘟史文业。这几位神一出现，就要发生瘟疫了。”这一年果然发生了严重的瘟疫，死了很多人。正所谓“人不与天斗”，识时务的隋文帝立即下令封这五个瘟神为将军，并为他们立祠，把每年的五月五日作为固定的祭祀日。由此，赵公明首次获得了将军的头衔。

明代，赵公明的身份有了一个全新的改变。明代《历代神仙通鉴》卷九中记载，张天师在灵奇山上炼九天神丹时，头戴铁冠、手执铁鞭、面色黝黑、身跨黑虎、一脸大胡须的赵公明自称受玉皇大帝之命为张天师守护丹炉，为天地造福。玉皇大帝还封他为“正一玄坛元帅”。这就是赵公明又称作赵玄坛、赵公元帅的来历了。

赵公明之所以能取得无与伦比的正财神的地位，可以说与明代通

财神赵公明与四天尊

俗小说《封神演义》的传播密不可分。《封神演义》是中国文学史上几百年来知名度极高、家喻户晓的神仙志怪小说。其中很多人物如姜子牙、周文王、周武王、李靖哪吒父子、杨戬、申公豹等，至今还是声名显赫、妇孺皆知。在《封神演义》中，赵公明原本是一位在峨眉山修行的道人，与申公豹一起参加了助商抗周的队伍，与代表正义的姜子牙作对。书中的赵公明有极大的法力，曾数次打败姜子牙，后来姜子牙做了一个代表赵公明的稻草人，用焚符念咒的“阴招”射杀了赵公明。也许是有愧于心的缘故，当姜太公助周完成灭商大业后，在封神台上封神时，给赵公明封了一个美差：负责对人间“迎祥纳福”的金龙如意正一龙虎玄坛真君，还安排了四位善神归他指挥，分别是“招宝天尊”曹升、“纳珍天尊”曹宝、“招财使者”陈九公、“利市仙官”姚少司。“招宝”“纳珍”“招财”“利市”，这些人间美事全归赵公明管辖，赵公明摇身一变，成了人人欢迎、名副其实的财神爷。

在中国民间，接财神、祭财神是春节期间一项重要的民俗活动。“财神”是用红纸印刷的财神像，慈祥的财神爷端坐画中间，手里拿着“恭喜发财”“招财进宝”之类的条幅，有的画在财神爷两边写着“添丁进财”“祈求平安”的吉利词语。

以往，春节前夕一些乞丐、贫寒子弟或街头小贩，低价买来财神像，然后挨门挨户叫卖：“送财神！”有学者考证了旧时江苏张家港周围地区，送财神的人在帮主家贴财神时，口中还会说一连串的吉利话：

财神贴得高，主家又蒸馒头来又蒸糕；

财神贴得低，主家开年好福气；

财神贴得勿高勿低，主人家里钱铺地。

财神爷请进门后，正规的祭祀肯定是不可少的，除此之外还有“送财神”一说。送财神就是祭焚财神像。人们一般把正月初二清晨作为固定的祭祀财神的日子。清代有一首民俗俚曲用简洁的语言描绘了祭财神的过程，“新正初二，大祭财神，点上香烛把酒斟，供上了公鸡猪头活鲤鱼，一家老幼行礼毕，鞭炮一响惊天地”，可见场面还是比较隆重的。商品经济一直比较发达的南方地区，庙宇的香火比北方地区旺得多。祭财神供品既隆重又讲究：第一桌摆广橘等时令水果，寓示来年生意广阔；第二桌摆年糕、糕点，取年年高之意；第三桌才是正席，猪头、鸡鸭鱼齐备，取大吉大利、年年有余之意。一般祭祀完毕后，就会“送财神”，焚香烧掉财神像。至此，财神们带着每一个主家发财致富的殷切希望，上天复命去了。

每年的正月初五是商人到财神庙集中祭祀财神，然后接财神到店铺去的日子，俗称“接财神”或“迎财神”。其风俗盛行于明清及民国时期，至今南方还有部分地区保持了这个民俗。之所以选择这一天，据说是因为正月初五这天，财神爷会走下龙虎玄坛来到人间给人们送财送宝，谁迎着谁发财，隆重的接财神仪式不可或缺。企盼生意兴隆、发财致富的店铺掌柜们当然会抓住这个机会，隆重地把财神接到自己的铺面里来。掌柜们会早早起床，率领全店同仁焚香祷告，向财神像行三叩礼，然后走到街头放鞭炮，在鞭炮声中，各商店纷纷把店门打开，欢迎顾客进门，争取新的一年开门大吉。

现在，大小店铺通常都是在年三十下午关门，正月初五开市，所以正月初五日也叫“利市日”。

既然是“接财神”，那么肯定是越早越好。大家在初四晚就做好了各种准备，初五天刚亮就出发，提防财神被别人先迎去了。清朝顾铁卿在《清嘉录》里收录了一首竹枝词，选取了商品经济发达的苏州商人初五迎财神的场景：

五日财源五日求，
一年心愿一时酬。
提防别处迎神早，
隔夜匆匆抢路头。

农历七月二十二日是财神爷生日，在过去，做生意的家中买卖无论大小，都会在这一天用丰盛的祭礼来供奉财神爷，以求财神爷保佑买卖兴隆、发家致富。在这一天掌柜的还用丰盛的酒席宴请全体伙计，目的是为了感谢伙计们一年的辛劳。

以往的一些金融行业，如票号、钱庄、银号等为了相互照应，皆建有会馆。会馆内基本上都供奉着赵公元帅。如建于康熙年间的广东“忠信堂”银行会馆，设神坛一座，坛内有一口大钟，钟内刻有铜字“在银行会馆玄坛祖师案前永远供”的字样，清晰地表明这里供奉的是财神爷赵玄坛。

2. 文财神

与威风凛凛的正财神与武财神相比，文财神的形象大多文质彬彬、脸色白净、面带笑容，着锦衣玉带、冠冕朝靴，比较适合在节庆时悬挂于堂室内。文财神除了管理财帛外，还负责分配世人也极其看重的科举进程、仕途升迁、官爵大小等，管理的范围甚广。

（1）财帛星君

财帛星君，也称“增福财神”，在天上的官衔是“都天致富财帛星君”，专管天下的金银财帛，对于时时想求财发家的世人来说，财帛星君的地位非常显贵。财帛星君的外形富态、慈祥，是一个面白长髭的长者，身穿锦衣系玉带，左手捧着一只金元宝，右手拿着写有“招财进宝”的卷轴或玉如意。以往春节时老百姓家中的正厅经常悬挂财帛星君像，祈求来年家中的财运、福运昌达。

财帛星君的画像还经常与“福”“禄”“寿”三星以及喜神列在一起，合起来为福、禄、寿、喜、财五福神，是人世间所有美好愿望的集合体。

（2）禄星

文财神除了管理财帛外，还负责掌管世人同样极其看重的科举进程、仕途升迁、官爵大小等，因而也有人将主管人间功名利禄的星官禄星列为文财神。禄，特指官吏的俸禄。高官厚禄是读书人、为官者的愿望，对禄星的向往崇拜也由此变得顺理成章。禄星的身份也比较复杂，而且随着时代演变，其掌管的范围还在发生着变化：既掌管俸禄，又主宰读书人的命运，有时还客串送子神仙的角色。

三星高照

晴朗的夜晚，我们有时会看到天空中的北斗七星。北斗星有七颗，在其中之一的斗魁之上有六颗星，据史学家司马迁《史记·天官书》记载，六颗星“曰文昌宫：一曰上将，二曰次将，三曰贵相，四曰司命，五曰司中，六曰司禄”，即六颗星共同组成了文昌宫，第六颗星就是职司功名利禄的禄星。

隋唐之前，禄星的地位在民间并不显要。但是从隋唐开始，中国开始实行科举取士制度，士子们靠科举来考取功名。科举考试使平民百姓有机会靠读书做官改变自己的命运。虽然考中者比例很低，但毕竟给所有平民学子带来了一线曙光。禄星摇身一变，又成为主宰全天下士人文运利禄、保佑考生金榜题名的文昌星、文曲星，迅即身价百倍，成为学子及其家庭顶礼膜拜的重要神灵。

何况，科举考试是一个非常艰难的过程，秀才考试每年一次，每个县取不足十人。举人、进士三年才考一次，录取比例差不多三十分之一。所谓“三十老明经，五十少进士”。正是因为科举考试考中的概率太低，就更需要文曲星的保佑了。

《聊斋志异》中狐怪鬼仙的故事在中国家喻户晓。《聊斋志异》的作者蒲松龄是清代杰出文学家，也是中国乃至世界文学史上都享有盛誉的优秀短篇小说家。郭沫若认为蒲松龄堪称文坛奇才，“写鬼写妖高人一等，刺贪刺虐入骨三分”。蒲松龄一辈子都热衷科举，19 岁应童子试，以第一名的成绩考中了秀才。但后来参加了几十年的乡试都失败了，几乎用尽一生也没有考取举人。直至 71 岁时，主持考试的官员们可怜他这么大的年龄还在参加科举考试，特赐“贡生”。贡生相当于举人副榜，时人称之为“挨贡”，即排队挨号挨上去的。可见，科举考试成功之难。

分科取士的科举考试开始于隋朝，唐朝时初设进士科，明朝时期科举考试形成较为完备的四级制度：（1）府试或院试，考中者称秀才；（2）乡试，秀才参加，考中者称举人；（3）会试，举人参加，考中者为贡士；（4）殿试，贡士参加，也是由皇帝亲自主持的贡士排名考试，全额录取，通称进士，又分三甲，一甲三名，分别称状元、榜眼、探花，其他皆称进士。进士榜用黄纸书写，亦称金榜，这也是“金榜题名”的由来。所谓“十年寒窗无人晓，一朝成名天下知”“春风得意马蹄疾，一朝看遍长安花”。人们常说那些金榜题名的人都是文曲星下凡。事实上，金榜题名也确实不容易。正因为少，才显得弥足珍贵，而其中甘苦确非一般人所能想象。

四川省绵阳市梓潼县七曲山的文昌大庙，始建于宋代，是现存最古老的文昌庙，也是天下所有文昌庙的祖庭。庙里铸铁神像，每尊重达一万两千斤，保存至今仍然完好无损。宋代文昌星的外形是一派朝廷大员的形象，僮仆们侍立左右。独占鳌头、蟾宫折桂等吉祥图案在庙中随处可见，营造出士子们朝思暮想的金榜题名的美好意境。赶考士子只要不是距离太遥远，都会在赶考前到此地虔诚许愿，希望文昌星保佑他金榜题名、光宗耀祖。

北宋初年，禄星又演变成送人子嗣利禄的神仙——张仙。在文人的笔下，号称“一门三进士”的北宋“三苏”，即苏洵、苏轼、苏辙与张仙有着不解之缘。传说早在苏轼、苏辙两兄弟出生之前，其父苏洵梦见张仙弯弓向天射击，连发两弹，苏洵不解其意。两兄弟长大后同年参加会试，双双高中进士，轰动朝野。苏洵回想当年梦境，恍然大悟：神仙射天狗，是为了让文曲星下凡，这才有二子金榜题名、双双得中的结果。苏洵为此还专门写了一首长诗《张仙赞》。

中国传统吉祥文化中经常采用谐音借代的方法。在禄神的民俗年画中，有时就用动物鹿来代替禄神，象征“利禄”。外表可爱、性情温顺的鹿本来就是一种吉祥动物，每当君王施行仁政、天下太平时，五彩神鹿就会降临人间。鹿还是长寿的象征，据说有一种白鹿能活到千岁以上。在民俗年画中，鹿有时是禄神的坐骑，有时也是被禄神抚摸的对象，以突出禄神能助人“加官进禄”的美好意义。

福禄寿三位神灵共同组成了中国的吉祥图案：“三星高照”。民俗年画中，经常出现福星手拿“福”字、禄星捧着金元宝、寿星托着寿桃的吉祥图案。有些民俗吉祥图中，福星会手抱小儿，象征有子万事足的福气。禄星身穿华贵朝服，手抱玉如意，象征加官晋爵、增财添禄。寿星手捧寿桃，面露幸福祥和的笑容，象征安康长寿。有时也会用蝙蝠、梅花鹿、寿桃来表达福、禄、寿的美好含义。正因为三星这种三位一体、不可分割的特点，成了在春节等重大节庆时备受欢迎的神祇。

（3）比干

比干庙

被推上文财神宝座的上古历史人物比干，是我国历史上有名的忠臣，也号称第一谏臣。据司马迁《史记·殷本纪》记载，比干从政四十余年，官至宰相，一生清正廉洁、爱国爱民，深受百姓爱戴，是商朝最后一个国王商纣王的叔父。商纣王是历史上著名的暴君，当政时暴虐荒淫、横征暴敛，生活穷奢极欲。比干作为忠臣多次苦谏，被恼羞成怒的商纣王剖唐挖心而死。

商纣王在比干死后不久，即断送了商朝五百多年基业。其后历代统治者从统治需要出发，大肆褒扬比干的忠心，为其封号、建庙、塑像。灭亡商朝的周武王率先为比干建墓，赐其林姓，比干遂成为百家姓中林姓的始祖。如今在比干屈死之地牧野（今河南卫辉），建有宏伟壮观的比干庙。景区内再现了比干的生平事迹，比如在比干被挖心的地方建有景观“摘心台”，远道而来的参观者总会到此凭吊、缅怀比干的忠义。到此祭拜最多的当然是林姓后人。每年的四月初四是比干诞辰，世界各地的林氏宗亲们齐聚卫辉比干庙，来纪念其始祖比干。

《封神演义》等神话小说对比干的事迹多有介绍，并把比干遭挖心之祸归因于商纣的宠妃妲己。传说比干被挖心后升天，后来又来到民间，救助穷人，广施财宝。因为他是无心之人，也就无偏无向，办事公道，在比干护佑下做买卖的人，也都没有贪心，公平交易，后人就把比干供奉为文财神。

（4）范蠡

与其他财神相比，范蠡的财神身份应当说最名副其实。范蠡“居官为贤相，持家成富翁”，不仅是当时全国最成功的商人，还系统地总结了他的为商之道，为后世商家所推崇。范蠡在扶助越王勾践兴越灭吴后毅然辞官经商，累资巨万。然后又数次散尽家财，为民谋利，成为中国有史以来第一个“富行其德”的大商人。

范蠡是中国古代著名的政治家、军事家和经济学家。司马迁在《史记》中评价范蠡曰“范蠡三徙，成名于天下”。

所谓“范蠡三徙”指的是范蠡一生经历了从出生地楚国迁徙到越国、从越国又迁徙到吴国、从吴国再迁徙到陶地三次迁徙，每一次都创造了炫目的奇迹。范蠡于勾践穷途末路之际从家乡楚国投奔越国，辅佐勾践二十余年，以上大夫之职，陪同勾践在吴国为奴三年，“忍以持志”。三年后归国，他与文仲拟定兴越灭吴、卧薪尝胆、“十年生聚，十年教训”、美人（西施）献吴等复国大计，终于在辅佐勾践二十年后，完成了越王勾践灭亡吴国、称霸诸侯的大业，显示了范蠡超群的政治与军事才能。

正当功成名就之时，范蠡逐渐认清了勾践“狡兔已尽，良犬就烹”“可与共患难，而不可共处乐”的本质，毅然选择了功成身退，迁到齐国。范蠡的这一选择，显示出异于常人的大智慧。越国复国大业的另一个功臣文仲不听范蠡之言，果然遭到了杀身之祸。

在齐国，范蠡隐名埋姓，成为一介布衣。他带领儿子和门徒一面垦荒耕作，一面煮盐经商，几年内就积累了数千万家产。致富后的范蠡“富行其德”，仗义疏财，齐王赏识他，拜他相国。三年后范蠡再次选择了隐退，辞去齐相，并散尽家财。

后来，范蠡来到陶丘（今山东菏泽定陶），重操旧业，并发挥出了高超的经商技巧，“逐什一之利”，几年后又成为家资“千金”的陶朱公，书写经商秘籍《致富奇书》，范蠡也被尊为活财神。

范蠡的一生非常传奇，可谓“忠以为国，智以保身，商以致富”，实千古第一人。遗憾的是，在重农抑商的古代中国，范蠡即使对国家、对人民有很大的贡献，但因最终沦为商道而不为主流社会所认同，历朝历代极少有人为范蠡单独立传，包括秉笔直书的史学家司马迁。范蠡只在司马迁《史记·越王勾践世家》《史记·货殖列传》中捎带提及。以至于对于范蠡的生卒年月，后人也搞不清楚。有些资料表明范蠡活了 88 岁，有些人则认为范蠡活了 60 多岁。范蠡的有关军事、经商方面的著作也大多遗失。

庆幸的是，范蠡得到了老百姓的爱戴，在他死后，民间百姓把他推崇到永享香火的财神的崇高地位。这应该是老百姓对范蠡不平凡的政绩和杰出的经商才能的最高认可。

3. 武财神关公

俗语说“一张一弛，文武之道”，有了文财神，也就有与其相称的“武财神”。尽管正财神赵公元帅也被有的人称为武财神，然而在中国民俗中，真正的武财神只有一个，那就是在历史上功名显赫，被尊称为“关公”的三国大将关羽。

假如问当今世人，所有财神爷中，哪一位财神爷的名声最为响亮，绝大多数人的答案不是正财神赵公明，也不是范蠡，而是三国时期蜀国的大将、武财神关公。关公是极为罕见的“英名妇孺知，香火遍天下”的中国历史文化名人。专为供奉关公而兴建的关帝庙已经成为中华吉祥文化风景线的重要组成部分。

东汉之后的历代封建王朝，都不约而同地给关公“封号加爵”，他的称号从侯到公、从公到王、从王再到君，在明朝时，他被奉为“关圣帝”，取得了与皇帝平起平坐这样一个封建时代人臣难以企及的地位。清朝时，清政府曾强令各州县乡镇都建关帝庙，对关公的信仰迅速遍及全国各地。

在民众的信仰中，关公是一个身兼数个职位、神通广大的神灵。如关公担当着战神、保护神、辟邪神、武财神、行业神等多种角色，因而受到了社会各阶层的敬仰。比如，历代军人们把关公当作战神；农民们把关公当作辟邪神、保护神。在很多地方，农民们还把关公当作雨神。作为靠天吃饭的农民，关公所具有的“兴云布雨”的神通是他们最为看重的。民间有言，“大旱不过五月十三”，意思是农历五月十三那天老天爷肯定会下雨，因为下的是关老爷的“磨刀雨”。商人则把关公看作财神爷，关公是三百六十行共同的行业祖师。

随着明清时期商品经济的发展，许多中国商人走出了国门，成为定居在海外的华侨。华侨们把关公的信仰也传播到东南亚、日本、韩国等地。特别是那些海外的中华会馆，都设有关帝庙，把以忠义、诚信著称的关公供奉为守护神、其财神。关公庙及关公信仰成为海外华人团结的象征。

对于关公信仰的普遍性，孟海生在文章《渴望福祉：中国沿海关公热》中认为，关公已成为世界性信仰，“成为全世界 143 个国家与地区有严密组织共同拜礼的神，在整个汉文化圈内外发生着巨大的影响，这种文化现象的新局面是有着极其深刻的内涵与外延因素和力量的”。①

中国四大古典名著中，罗贯中的《三国演义》无疑是传播范围较广、影响较大的一部。自《三国演义》问世后，三国人物中集勇猛、仁义、忠诚于一身的关羽的高大形象更是深入人心。那些与关羽有关的脍炙人口的故事，如桃园三结义、温酒斩华雄、过五关斩六将、千里走单骑、单刀赴会、刮骨疗毒等，真正到了妇孺皆知的程度。

关公的信仰伴随着中国封建社会的发展而发展。南北朝至唐朝是关公信仰的形成期，宋元是发展期，明朝是盛行期，清朝是鼎盛期。不同历史时期众多文人墨客关于关公的描述可以让后人了解其所处的时代是如何看待关公的。宋代文人黄茂才曾作《武安王赞》，赞美关公的一生：

气盖世，勇而强。万众中，刺颜良。
身归汉，义益彰。位上将，威莫当。
吴人诈，失不防。质诸心，吾何伤？
严庙貌，爵封王。祚我宋，司雨旸。
祷而应，弥灾荒。名与泽，蒙泉长。

第一座关公庙建于南北朝时期。其后历代封建统治者从稳定统治的需要出发，在封赐关公的同时，大造关公的庙宇。清朝年间，更用法令的形式，强迫全国各地的州县乡镇共造关公庙。关公庙里威风凛凛的关公画像、塑像是中国古代所有忠义、英勇形象的集大成之作。关公形象基本上都是丹凤眼、卧蚕眉、面如满月、脸若涂朱，左手抚髯、右手托《春秋》，身后有其子关平捧大印、随将周仓握青龙偃月刀，也有关公全身披挂、手握青龙偃月刀的形象，状极威严。

---

① 孟海生：《渴望福祉：中国沿海关公热》，《山西文化》，1992年第5期。

关公一身所系的众多神性中，最突出的是武财神。史书记载，早在“晋初，关帝得勇壮关侯之封号……被人视为武神、财神，及保护商贾之神，人遇有争执时，求彼之明见决断”。

解州关帝庙

到了近代，关公的财神爷地位为大家所公认，1941 年《黑山县志》记载，当时商家对财神关公的祭祀已非常普遍：“商家则祭关帝、财神，一以六月二十四日为祭期，一以九月十七日为祭期。”

对财神关公的信仰在近代传到了日本、泰国等东亚、东南亚国家。日本横滨的华侨直接把关公当作保佑他们经商致富的商业神祇。日本学者山下清海认为，日本在“1923 年关东大震灾前，横滨最大的祭礼便是农历五月十三日祭祀关羽，现在每逢这一祭日，仍有人在关帝庙举行小规模的祭祀活动”。1979 年，山下清海又对横滨地区的商业进行了实地考察，发现横滨华侨们普遍信奉商业神关帝，他以每个店铺都在店内设有供奉关帝的小神龛作为根据，对关公信仰在日本民间比较普遍这一现象，进行了较有说服力的研究。

讲信用、重义气，“忠贞不贰”“义不负心”都是关公所具备的优良品德，而中国商人由于深受儒家文化的影响，务求“义中求财”。关公的优良品德与商人所追求的经商道德正好吻合，所以商人把声名显赫的关公作为财神显得既合情又合理。而关公一贯的英武形象，与那些文质彬彬的文财神是有区别的，更适合于担当一个武财神。商人以集聚财富为业，有些贸易还需要长途跋涉，风险始终存在，也非常需要关公这样一位德艺双全的武财神的保佑。

4.“偏财神”与“准财神”

以上所言之正财神、文财神、武财神的划分，在民间信仰中始终是有异议的。有一种观点认为，以上诸神都是正财神，他们之间又有文、武财神之分：赵公元帅与关公都是武财神，禄神、比干、范蠡都是文财神。与正财神相对的是偏财神，或称“五路财神”。

其实，民间所谓的“正财神”与“偏财神”主要是从财神神像所处的位置而言。文武财神大多摆放在中间正位，即所谓正财神。其他的财神因为立于正财神的旁边，而被称为偏财神。五路财神是最常见的偏财神。

“五路”之名的由来有二：一是五路代表了东西南北中五个方位的“五路神”，每个方位都有一个财神把守。清人姚富君说：“五路神俗称财神，其实即五祀门行中之神，出门五路皆得财也。”商人外出经商，山高水远，危险重重，非常需要路神的保佑，自古就有祭路神的习俗，五路财神由此产生。二是元朝时有一个名叫何五路的英雄人物，他为了保家卫国、抵御外寇而牺牲。百姓念其忠勇，奉其为神，称五路神。

《封神演义》中姜子牙封的神灵中也包括五路财神，指的是赵公元帅、招宝天尊萧升、纳珍天尊曹宝、招财使者陈九公和利市仙官姚少司这五位财神。

可见，五路财神的角色也众说纷纭。好在财神多多益善，能保佑大家发家致富就好，至于是哪几位，商家们也不太计较。

每年正月初五迎的财神包括五路财神，因为据说正月初五是五路财神的生日。还有一种说法是，之所以选择正月初五这一天迎五路财神，是因为五路财神中有“五”这样一个数字。

在民间所供财神中，利市仙官经常站在赵公元帅、赐福天官的旁边，所以作为五路财神之一的利市仙官当然是地道的偏财神。《封神演义》对利市仙官的来历也有所交代，利市仙官姚少司是大财神赵公明的徒弟，后被姜子牙封为迎祥纳福之神。“利市”包含利润、运气、开张得利等多重吉祥含义。利市仙官顺理成章地成为人人喜爱的财神。

商人们喜欢节庆时把利市仙官与招财童子的图案贴在门两边，配以对联“招财童子至，利市仙官来”，希冀来年财源广进、吉祥满门。清代有一种五十两银锭，号“一本万利”，银锭正面两边分别刻有“招财童子”“利市仙官”，寓意美好。

除了偏财神之外，还有准财神刘海蟾。中国民间自古即有“刘海戏金蟾”之说，刘海戏金蟾的图案也经常出现于民间年画剪纸与画家的作品中。画中手舞足蹈、喜笑颜开的刘海手舞钱串，一只三足大金蟾叼着钱串的另一端。刘海与金蟾走到哪里，会吐金钱的金蟾就把金钱撒到哪里，尤其乐于救济穷人。因此，刘海尽管没有得到财神的封号,但起到了一个“活财神”的作用，老百姓已经把他当作财神看待，并为其建庙祭祀。

木版年画《利市仙官来》

据传说，历史上确有刘海其人，他生活于五代十国时期，曾官至丞相，后受吕洞宾点化开始学道，并拜吕洞宾为师，道号“海蟾子”。后来他终于得道成仙，人称刘海蟾。

最后值得一提的是，文财神与武财神的供奉者群体是有差别的。一般说来，文人雅士更乐于供奉文财神，尤其是供奉文昌帝君这样一位掌握他们“文运”的神祇，而民间普通百姓供奉赵公元帅与关公的稍多一些。对商人这个以营利为目的的社会阶层而言，所有的财神爷都是他们供奉的对象，但相对来说，南方地区与海外华侨供奉武财神关公的多一些。

文财神和武财神供奉方面最大的差别，在于两者摆放的方位明显不同。无论是店铺还是居家，所有文财神都应摆放在近门处左右两侧的位置，而且必须让文财神的正面朝向屋内，代表把财引入门内，达到财源广进的目的。反之，假如把文财神面对大门而摆设，民间认为这是送财出门，属犯忌之举。武财神关公摆放的方位则与文财神正好相反，必须面对大门屋外，既可招财，又可镇宅保平安。

至于赵公元帅的像，人们可以随自己的意愿摆放。如果将他视为“武财神”，那么赵公元帅摆放的方位应该与武财神关公相同；如果把赵公元帅视为“正财神”，那么面向屋内也是合适的。

第五章　吉祥无处不在：节庆商贸

中国是名副其实的“节日大国”。拥有难以计数的节日，如果把五十六个民族的传统节日加起来，那就意味着中国人一年十二个月每个月都有节日。除传统节日外，还有洋节日、现代商业文化节日等，这些节日共同构成了现代中国的节庆文化。

吉祥、喜庆、欢乐是绝大多数节日共同的特点，每个节日的民俗活动、庆祝活动都蕴含着浓厚的亲情、友情和乡土情，都富含吉祥美好的意蕴。这种情感的流动，使节日具有很强的亲和力。这也许就是家庭观念、家族观念、地域观念浓厚的中国人热衷各类节日的原因吧！

2015 年上海元宵节花灯会

值得注意的是，自古以来中国的节庆活动就充满着浓浓的商业气息，如流行于各地的集市、庙会就大多选择在节日举办。

然而，无论是传统节日还是新涌现的节日，其本身所特有的喜庆、祥和的内涵均被各类商家不断赋予了浓厚的商业价值，形成了一个个商业促销高潮。节庆经济在整个商贸经济中所占的份额越来越高，各式节日本身所具有的吉祥意蕴都是各类商贸人士极力挖掘、寻找营销突破的关键所在。

一、传统节日与吉祥商贸

近代以来，传统节日曾在一定程度上被忽视，随着社会的进步，传统节日在增加社会认同感、增强国人文化自觉和文化自信方面的巨大作用日益突出，传统节日逐渐被人们重视起来，尤其是2004年韩国端午祭申遗对我们的触动很大，国家开始重视传统节日的保护并对传统节日予以重新认识和评价。在互联网快速发展的背景下，传统节日获得了更多的发展机遇。更重要的是，互联网使传统节日与商贸的紧密结合成为可能。

1. 传统节日的回归

中国是一个有着五千年灿烂文化的文明古国。农业文明是中国五千年文明的主要组成部分，我国传统的农历历法之所以产生就是为了便于农时的安排。在传统农业与传统文化基础上形成的传统节日，不仅是中国传统文化的重要组成部分，也是中华民族凝聚力之所在。尤其是那些旅居世界各地的华人，每每在异乡他国庆祝中华民族独有的传统佳节时，心中总会涌现出对祖国、对家乡、对亲人浓浓的情谊。我们也可以从海外华人对黄帝、炎帝、尧、舜、禹、孔子、妈祖等历史人物的寻根过程中，看出海外华人对中国传统文化的重视。

近年来，国家对传统文化越来越重视，这既符合国情，顺应民意，也适应了中国国际地位变化的需要。随着中国国际地位的提高，数千万海外华侨在居住国的地位也得到了大幅度提升，中国传统节庆文化受到了越来越多国家的重视。以春节为例，除中国外，东亚、东南亚的许多国家，以及包括美国、英国、法国在内的西方国家，都已经把春节作为一个重要的节庆之日。

从2001年开始，美国已经连续多年在曼哈顿最高的纽约帝国大厦上，于中国农历除夕之夜点燃上千盏彩灯，连续三天通宵达旦地庆祝华人春节。出席2007年帝国大厦点灯仪式的纽约州首位华裔女众议员杨爱伦说："在纽约这座国际大都市，能以此种方式庆祝最能代表中华文化的传统节日——春节，特别令人感到振奋。"这也反映了祖国的日益壮大带给海外华侨的民族自豪感。时任美国总统的布什也对美国华裔发布新年祝福演说："农历新年是感恩与欢庆的特别时刻。自古以来，农历新年一直是家人辞旧迎新的时刻。在欢度新春佳节之际，诸位也在发扬继承你们丰富的文化传统，确保你们的家庭价值观、信仰和对传统的珍视世代相传。"春节时，美国的唐人街等华人聚集的场所，到处红红火火地张灯结彩，舞龙舞狮、踩高跷，洋溢着浓浓的年味。连美国赌城拉斯维加斯，在中国农历春节时也会使用中国节日常用的喜庆的大红色来布置环境。

2007年，当时的英国伦敦市长利文斯通主持了伦敦春节亮灯仪式，并出席了大年初一伦敦几十万人参加的新年大狂欢，其他英国城市的当地居民也采取各种方式与华人共度美好春节。

法国首都巴黎的市政广场在春节之日也会燃放起鞭炮、澳大利亚的墨尔本市则在当日有大规模的舞龙舞狮表演，用这些中国春节特有的民俗活动与海外华人共庆中国春节。

传统文化的保护与回归，离不开一大批来自社会各界的传统文化保护者多年来锲而不舍的努力。著名作家、画家、当代文化学者冯骥才就是其中杰出的代表。

冯骥才一直都致力于传统节日的保护与传承。他认为大部分中国人爱过节，有浓厚的节日情结。这是因为几千年里中国人一直过着群体生活，相对于其他国家和民族来说，中国的人与人之间的关系更加亲近与和谐。春节、清明节、端午节、中秋节、重阳节等传统节日是中国人美好情感的凝聚。这些情感包括对父母与长者的敬爱之情、深厚的手足之情、邻里互助之情、朋友之情、男女之情、对先人和故土家乡的依恋之情……从古至今，这些传统节日都承载着人们美好的希望和祝福，被历代文人墨客反复歌咏。

但是，需要指出的是，近年来传统节日往往也困于内涵无法得到充分彰显的尴尬境地，这与我们对其中吉祥意蕴的发掘不足有着密切的关系。以端午节为例，存在于现代人意识中的端午节内容恐怕就是吃粽子和有关屈原的传说了。其实端午节的内涵非常丰富，明代沈榜《宛署杂记》中记载："五月女儿节，系端午索，戴艾叶、五毒灵符。宛俗自五月初一至初五日，饰小闺女，尽态极妍。出嫁女亦各归宁，因呼为女儿节。"端午节还有菖蒲节之称，古人认为五月五日是五毒尽出之时，因此有在门上悬挂菖蒲、艾叶等驱邪避毒的风俗，故有"菖蒲节"之称。菖蒲节的另外一层意思是阴历五月天气转暖，人们过冬的棉衣、棉被都应拆洗收藏，以备来年使用；冬日糊起的门窗也可打开通风，洒扫房屋庭院，洒雄黄酒消毒，挂菖蒲艾叶以避蚊虫，进而激浊除腐、杀菌防病，所以人们又把端午节视为古代的"卫生节"。清代诗人李静山在《节令门·端阳》中写道：

樱桃桑椹与菖蒲，更买雄黄酒一壶。

门外高悬黄纸帖，却疑账主怕灵符。

端午节对孩子们来说也是欢乐的日子，节日期间斗草便是有趣的娱乐项目。斗草，又称"斗百草"，用花草作比赛对象，或对花草名，或题花草诗，兼具知识性、文学性，妙趣横生；有的儿童则以叶柄相勾，捏端相拽，断者为输。南宋诗人范成大《春日田园杂兴》云：

社下烧钱鼓似雷，日斜扶得醉翁回。

青枝满地花狼藉，知是儿孙斗草来。

2. 趣话年文化

春节无疑是中国最盛大、最热闹的一个古老传统节日，它凝结了中国人特有的道德伦理观念、时间生命意识和文化认同感。

春节在不断的历史演变发展中得以确立，以祭祀祈年为中心，通过除旧布新、迎禧接福、拜神祭祖、祈求丰年等活动形式展开，喜庆气氛浓郁，内容丰富多彩，凝聚着

《群婴斗草图》

中华文明的历史文化精华。

具有中国特色的年文化已经渗透进中国人的血液之中。举一个简单的例子，中国人都有大年三十情结，不论来自城市还是乡村，不论离家有多远，在天南海北打拼了一年的中国人，一定要带着家人，带着大包小包的礼品，在除夕前赶回老家与父母家人一起吃一顿团圆的年夜饭。正所谓“有钱没钱，回家过年”。

传统春节民俗是复杂而讲究的，春节的筹备与庆祝活动会延续两个月之久。一进腊月，与春节有关的活动就开始了。熬腊八粥、扫尘、祭灶、过小年、贴对联年画、张灯结彩、吃年夜饭、放鞭炮、拜年、压岁钱、走亲访友、耍龙狮、踩高跷、演大戏……丰富多彩的春节民俗活动会持续整个正月。

文学家老舍先生在其著名的散文《北京的春节》中，用他那生花的妙笔向我们展现了一幅老北京的春节民俗画。读一读老舍先生的《北京的春节》，就好像跟他老人家一起，去北京过了一个完整的充满京味儿的春节！老北京人在一个多月里对年货的“讲究”，使他们心甘情愿地把一年收入的很大一部分，都投进了商家的钱柜里：

按照北京的老规矩，过农历的新年（春节），差不多在腊月的初旬就开头了。“腊七腊八，冻死寒鸦”，这是一年里最冷的时候。可是，到了严冬，不久便是春天，所以人们并不因为寒冷而减少过年与迎春的热情。在腊八那天，人家里，寺观里，都熬腊八粥。这种特制的粥是祭祖祭神的，可是细一想，它倒是农业社会的一种自傲的表现——这种粥是用所有的各种的米，各种的豆，与各种的干果（杏仁、核桃仁、瓜子、荔枝肉、莲子、花生米、葡萄干、菱角米……）熬成的。这不是粥，而是小型的农业展览会。

…………

从腊八起，铺户中就加紧地上年货，街上加多了货摊子——卖春联的、卖年画的、卖蜜供的、卖水仙花的等等都是只在这一季节才会出现的。这些赶年的摊子都教儿童们的心跳得特别快一些。在胡同里，吆喝的声音也比平时更多更复杂起来，其中也有仅在腊月才出现的，像卖宪书的、松枝的、薏仁米的、年糕的等等。

…………

二十三日过小年，差不多就是过新年的“彩排”。在旧社会里，这天晚上家家祭灶王，从一擦黑儿鞭炮就响起来，随着炮声把灶王的纸像焚化，美其名叫送灶王上天。……

过了二十三，大家就更忙起来，新年眨眼就到了啊。在除夕以前，家家必须把春联贴好，必须大扫除一次，名曰扫房。必须把肉、鸡、鱼、青菜、年糕什么的都预备充足，至少足够吃用一个星期的——按老习惯,铺户多数关五天门，到正月初六才开张。假若不预备下几天的吃食，临时不容易补充。还有，旧社会里的老妈妈们，讲究在除夕把一切该切出来的东西都切出来，省得在正月初一到初五再动刀，动刀剪是不吉利的。这含有迷信的意思，不过它也表现了我们确是爱和平的人，在一岁之首连切菜刀都不愿动一动。

除夕真热闹。家家赶做年菜，到处是酒肉的香味。老少男女都穿起新衣，门外贴好红红的对联，屋里贴好各色的年画，哪一家都灯火通宵，不许间断，炮声日夜不绝。在外边做事的人，除非万不得已，必定赶回家来，吃团圆饭，祭祖。这一夜，除了很小的孩子，没有人睡觉，都要守岁。

元旦的光景与除夕截然不同：除夕，街上挤满了人；元旦，铺户都上着板子，门前堆着昨夜燃放的爆竹纸皮，全城都在休息。

男人们在午前就出动，到亲戚家，朋友家去拜年。女人们在家中接待客人。同时，城内城外有许多寺院开放，任人游览，小贩们在庙外摆摊，卖茶、食品和各种玩具。北城外的大钟寺，西城外的白云观，南城的火神庙（厂甸）是最有名的。……

元宵（汤圆）上市，新年的高潮到了——元宵节（从正月十三到十七）。除夕是热闹的，可是没有月光；元宵节呢，恰好是明月当空。元旦是体面的，家家门前贴着鲜红的春联，人们穿着新衣裳，可是它还不够美。元宵节，处处悬灯结彩，整条的大街像是办喜事，火炽而美丽。有名的老铺都要挂出几百盏灯来……

除了悬灯，广场上还放花盒。在城隍庙里并且燃起火判，火舌由判官的泥像的口、耳、鼻、眼中伸吐出来。公园里放起天灯，像巨星似的飞到天空。

男男女女都出来踏月、看灯、看焰火；街上的人拥挤不动。在旧社会里，女人们轻易不出门，她们可以在灯节里得到些自由。

…………

一眨眼，到了残灯末庙，学生该去上学，大人又去照常做事，新年在正月十九结束了。

春节作为中国民间最隆重、最富有特色的传统节日，意味着过去一年的结束与新一年的开始，包含着丰富的文化内涵，也有着许多语言上和行为方面的忌讳。一派欢乐喜庆的春节民俗活动中，无一例外地都包含着趋吉避凶的吉祥文化成分。所以，春节的每一项民俗活动、从商家购买的每一件物品都有其特定的含义。震天的爆竹，红红的对联，虔诚、庄严、烦琐的祭天、迎神、祭祖活动，都是为了祈求来年的吉祥如意。

俗语说“民以食为天”。中国是一个食文化深厚的大国，素有“食在中国”之美誉。“吃”自然成为春节最重要的民俗活动之一，从节

老北京风俗画《元宵节花灯会》

前腊八节到来年二月二，前后近两月，前期是“买买买”，花钱如流水；后期是“吃吃吃”，人人都是饕餮化身！对一向提倡节俭的中国人来说，春节是花钱最任性的时候。

在中国，每个传统节日都有特定的食品，而且这些食品都有象征吉利吉祥的寓意，元宵节的汤圆、二月二的糖豆、端午节的粽子、中秋节的月饼、冬至的八宝粥、过小年时的糖瓜、春节的饺子都有其不可替代的特殊吉祥意蕴。

包含辞旧迎新之意的年夜饭肯定是中国人一年中最讲究、最丰盛的一餐了。年夜饭里，所有面食、菜品，从选材到制作再到摆放都有讲究。据清朝民俗著作《燕京岁时记》记载，明清时期“年饭用金银米为之”，即用小米与大米合煮做成饭食，象征来年多收金子和银子。年夜饭的菜通常是十盆佳肴，号称“十碗头”，寓意“十全十美”。南方有些地区如湖南、湖北，“菜”的发音与“财”相同，年夜饭做十二道菜，希望来年十二个月，月月发财。

有些地方，人们还会在做好的菜品上摆上一撮碧绿的青菜，取“财头”“彩头”之意，祈望来年家人发大财、“中彩头”。油炸菜寓意来年兴旺发达，也是不可缺少的。台湾、福建等地还习惯用水产蚶做一道菜，因为“蚶”的方言谐音为“胖”，有发财发福之意；做一碗发菜汤，“发菜”当然寓意“发财”。年夜饭里香喷喷的肉丸子，则象征着一家人团团圆圆。

全国各地的年夜饭里，鱼与糕是最不可少的。两者合在一起，代表了“年年有余步步高”的吉祥含义。还有些地方的风俗是年夜饭里的鱼只能吃其中的一部分，另一部分留到大年初一吃，也是代表着“年年有余”的吉祥含义。鲢鱼尤其适合作为年夜饭中的佳肴，有“连年有余”之意。豆腐代表着“都（有）福”，也是年夜饭中不可缺少的。

潍坊杨家埠年画《年年有余》

年糕是年夜饭里必备之物。明代《帝京景物略》中即有年糕的记载：“京城于正月元旦，啖黍糕，曰年年糕。”还有一首类似的诗：“人心多好高，谐声制食品。义取年胜年，借以祈岁稔。”这都是因为“糕”与“高”谐音，年糕寓意“年高”“年年高”，生活水平一年比一年高，当然是人们所衷心祈愿的。

以往有些地方还有把年夜饭留到大年初一才吃的习俗，有“隔年饭”“陈年饭”之说，也是取“连年有余”“隔年有余”之意。成书于明代的《直隶志书》中即有这样的记载：“除日晚留饭至元日食，名曰隔年饭，谓隔年有余。”南北朝时期，南方荆楚之地还有一个有趣的民俗，故意把年夜饭留下一部分，在固定的时间扔掉，有新年“吐故纳新”之意。这个民俗被记载在南朝宗懔撰写的一部有关荆楚之地春节习俗的著作《荆楚岁时记》中。书中有“留宿岁饭，至新年十二日，则弃之街衢，以为弃故纳新也”之句。

春节民俗中有除夕守夜之说。唐朝诗人张说有“故岁今宵尽，新年明旦来”的诗句，描写唐人守岁的情景。除夕夜是“一年连双岁，五更分二年”的辞旧迎新的刻，家人会终夜不睡守岁，迎接新年的到来。

有些北方地区会在除夕之夜，在正堂张挂列祖列宗的神轴牌位，摆上供品，家人团坐，慎终追远。如今山东的不少农村地区又恢复了这种民俗。

春节吉祥食物还有压岁果子。压岁果子是守夜时男女老少喜爱的消夜食品。压岁果子中必然包括花生，因为花生又名长生果，有长命百岁之意；瓜子有“多子多福”与“子孙满堂”之意；各色糖果与枣代表甜蜜与幸福。橘（桔）子与荔枝在南方是必备的，“橘（桔）”字取半边代表“吉”，“荔”谐音“利”，合在一起有“吉利”“大吉大利”之吉祥含义。

清朝人顾禄在《清嘉录》中记载，清朝时民间就有用压岁果子来求吉避邪的古老习俗：“长幼度岁……置橘、荔诸果于枕畔，谓之压岁果子。元旦睡觉时食之，取谶于‘吉利’。”书中还有“压岁盘”之说：“长幼度岁，互以糕果朱提相赉献，谓之压岁盘。”

中国几乎所有传统节日都有追求家庭团圆的特点，可以说阖家团圆是中国传统节日中最大的吉祥含义。与追求个体自由、个人独立的西方人相比，中国人有着强烈的乡土观念与家庭观念。这是因为，中国是一个深受儒家文化影响的礼仪之邦，爱国爱家、家国一体是中国人根深蒂固的观念。

春节、元宵节、中秋节都是中国最为典型的团圆节。春节是最大的团圆节日，漂泊在外的人哪怕千里迢迢也会回家与家人团圆。直到今天，每年春运时如山如海的回家潮，都反映了人们期望可以与家人共同度过一个团圆年的心理。正月十五元宵节是为了纪念农历的第一个月圆日，八月十五中秋节是一年中月亮最圆最亮的一天，代表着“月圆人团圆”，在月圆之日家人团圆也体现了中国传统文化中最精髓的“天人合一”的理念。

中国的传统节日是依据农历确定的，而创制农历的初衷是为了顺应四季的变化，便于安排农时。这都充分体现了中华民族以农业立国的特点。比如，庆祝春节有“一元复始，万象更新”之意，以往封建皇帝为了表示“以农为本”，还经常在宫中举行一些象征性的“春祭”活动，中秋节是收获的季节，会于中秋进行一些“秋祭”活动。

3. 吉祥无处不在

传统节日所特有的文化内涵成为商家促销的大好时机。其中，尤以春节为最。从腊月初一到正月十五，前后持续一个半月的春节民俗活动，商品消费量是非常惊人的。有些地方春节民俗活动持续到二月二“龙抬头”，前后有两个多月时间。俗语“陪不完的姑娘，办不完的年”，办年货就如同给自己的姑娘办结婚嫁妆，不到除夕夜与结婚日是永远也备不齐的。春节作为一年中最重要的节日，本身就具有时间长、事项多、花费大的特点；而且，过年讲究的是“万象更新”，不仅人人都要有一身崭新的“行头”，里里外外还要有一种“焕然一新”的感觉。不要说已经习惯于超前消费的年轻人，就连那些一向节俭的长辈们，对这样一个大团圆节日，往往也会有一种追求尽善尽美的心态，舍得“破费”，这些都给商家带来了巨大的商机。

百货、超市、家电联销企业的商家们，使出浑身解数来争夺春节消费这块全年最大的消费蛋糕。首先是准备丰富的适合年节的商品，包括琳琅满目的年货、衣物、日常家用物品、家电、家具、电脑手机……可谓一应俱全。商家会挖空心思地在大小商店等营销场所，营造出既热闹又别出心裁的吉祥欢乐的中国年气氛，并用惯常的打折、送券、赠送等优惠策略，带动顾客的消费。

商家春节促销的意义还在于可以引导顾客的消费倾向。红红的对联、爆竹礼花、中国结等吉祥物件；颜色与款式喜庆的服饰，以及种类繁多的瓜果、花卉、盆景；独具匠心的年夜饭、花色面食糕点、家具家电等等，都在电商与实体店的促销下成为能增添新年喜庆吉祥气氛的物品，极大地提高了顾客的购买欲望。

消费者在年节消费中往往认为吉祥物品多多益善，而且不少人还有“吉祥物不讲价”的微妙心理。

亲情一向为中国人所看重，年节更是表达亲情最好的时机。所以年节中的送礼消费越来越高。至于选购何种礼品，商家就起到了重要的导向作用。据统计，保健品消费在春节的礼品消费中所占的比重最高。

近些年人们健康意识增强，商家因此大打健康牌。大量适合各个年龄段的保健物品一直是各类商家经销的热门产品，如适合从幼儿到老年各年龄段人群服用的各种质量上乘的保健食品饮品、成套儿童玩具、各种型号的健身器械等。近年来，不少商家还成功掀起了“请人吃饭不如请人流汗”的新理念，从而增加了保健卡、健身卡的销量。有些年轻人还会为父母购买春节期间国内游和国际游的旅游项目，花销更是惊人。

随着中国国际地位的提高与经济全球化的驱动，中国年文化的影响已经遍及世界各地。国外商家也紧抓春节消费的商机，发展中国式的“经济春节”。且不说世界各大城市的“华人街”这类华人聚居处热闹的春节氛围，春节期间家乐福超市在欧洲的各个连锁店也开设了“中国货”专柜。商场外挂着大红灯笼，贴着春联年画，柜台内摆放着一些传统的中国应节食品、中国调料、中式青花瓷瓶和碗碟、十二属相吉祥物等。法国大型百货商场“老佛爷”还会在春节前后到处悬挂中文“新年好”条幅，倒挂的“福”字更是随处可见。

有趣的是，欧洲的春节促销不仅吸引了华人，还吸引了大量的本地人。不少法国人开始习惯在中国的农历新年采购年货。法国家乐福的销售人员就说，“春节期间做中国菜的调料卖得特别快，买的大多是法国人”，“法国人不但喜欢吃，也很喜欢学做中国菜”。事实上，法国当地商场、超市出售的改良的中国年货并不太符合华人的口味，反而更适合对正宗的中国货不太熟悉的法国人的口味。

二、新兴节会与吉祥商贸

中国人除了庆祝那些相对固定的传统节日、法定节日与洋节外，还不断地创造新的节日，比如名目繁多的新兴的商业性及文化性节庆，几乎到了难以胜数的地步。

无论是何种类型的节日，其共同的特点是都有着丰富的文化内涵，都反映出国人追求吉祥如意的心理。发掘各类节庆中的吉祥内涵，追求吉祥商贸的最大效益，是代代商人乐此不疲的营销内容。近几十年来，随着全球化经济及市场经济的繁荣，发展商业已经不再是个体商人、商业组织的行为，各级政府也会利用各种节庆进行招商引资，并将其作为政府工作中的重中之重。

1.“黄金周”

新中国成立后，植树节、妇女节、劳动节、青年节、儿童节、建军节、教师节、国庆节等都被规定为国家法定节日。在这些节日里，国家会组织一些有针对性的庆祝及纪念活动。随着商品经济的发展，这些法定节日的商业价值也日益凸显。

可调节性是法定节日的特点之一。譬如为了刺激消费，1999 年 9 月 18 日国务院发布《全国年节及纪念日放假办法》，规定春节、“五一劳动节”和“十一国庆节”法定节日由 1 天延长至 3 天，加上前后两个双休日，就形成了每年 3 个连续 7 天的长假。这三个长假分别安排在春天、秋天、冬天，正好满足部分人旅游、购物、探亲的愿望。“黄金周”的概念由此应运而生。

统计黄金周时期人们的消费数据可以发现，消费者对目的地的选择非常有趣。上海、广州等地的人倾向选择港澳地区和国外作为消费地；上海、广州等大城市又会迎来中小城市的观光消费者；中小城市还会迎来越来越多的周边郊区、农村的购物参观者。近些年，上海、北京、广州、重庆、天津、杭州等大都市，甚至包括东部沿海不少中小城市，返璞归真的“农家乐”“农村游”“渔家乐”又成为这些城市的居民旅游消费的新热点。

“五一”、“十一”、春节这三个假期期间，各类商家“各显神通”，动用各种宣传手段，迅速地把这三个小长假营销成实实在在的“黄金周”，各地旅游场所、商场、旅馆、餐饮业、交通运输业、房地产业、信息业等，都使出浑身解数，赚个盆满钵满。据有关部门统计，2004 年“十一”黄金周期间，全国旅游收入 397 亿元；2006 年“十一”黄金周期间，旅游收入即增加到 463 亿元。

正是为了吸引更多的旅游者在节假日前来观光与消费，许多中小城市都加入争创旅游城市的行列。自 2003 年起，山东潍坊经过数年的三河治理、道路广场扩建绿化、火车站飞机场拆建、滨海开发等大规模的城市建设，到 2013 年，把一个以“十万砸铜匠、十万绣花女”著称的传统轻工业城市，发展成为“中国优秀旅游城市”，创造了美丽宜居的城市环境，并开创了“千里民俗旅游线”等旅游项目，把潍坊市与周边县市区的旅游资源整合在一起，对来自国内外的宾朋产生了极大的吸引力。

黄金周设立之后，确实创造了巨大的经济效益，达到了政府促进消费、拉动经济的初衷。但是，黄金周也带来了诸如交通拥挤、景观与自然资源破坏等严重问题。所以 2008 年初，国务院与时俱进，对法定节假日做出新的安排，取消五一黄金周，五一休假一天；保留国庆节、春节两个长假期；清明节、端午节、中秋节放假一天，加上双休日，也可以形成三天的小假日。这样，假期分散化，可以缓解集中出行与旅游给交通、景点等带来的压力。同时，又符合了弘扬传统文化中“常回家看看”等孝道文化的诉求，可谓一举多得。

2. 新兴文化节会

相对于已经被民众接受，甚或已经成为新民俗的传统节日与法定节日而言，如雨后春笋般不断涌现的商业节、文化节，是近几十年兴起的新兴节日盛会。与传统节日、法定节日不同，各地的商业节、文化节具有鲜明的地域文化特色。这些节日除了个别具有比较悠久的历史文化内涵外，大部分兴起于 20 世纪八九十年代。20 世纪最后 20 年，各地方政府为吸引国内外客商的投资，搞活当地经济，创地方经济文化品牌，掀起了一股建立商业、文化节庆的热潮。

中国商业、文化节日数目之多，难以计数。其中影响颇大的商业节有广州市举办的中国出口商品交易会（简称广交会），迄今已有半个世纪的历史。数目庞大的新兴商业、文化节会，大多创办于最近一二十年内。在被誉为“世界风筝之都”的潍坊市及其所管辖的县市,商业文化节就有十几个。其中,“国际风筝会”“蔬菜博览会”“花卉博览会”三大节庆已经在国内外有较高的知名度，每次节庆庆祝活动都会给当地带来较好的经济与社会效益。由此，潍坊从一个默默无闻的传统轻工业城市，发展成为“世界风筝之都”“全国优秀旅游城市”。寿光市则因成功举办了十几届国际蔬菜博览会而由一个县级市成为全国著名的“蔬菜之乡”，寿光人开发的大棚蔬菜技术,传播到全国各地,一年四季都极大地丰富了百姓的“菜篮子”。古城青州则因花卉博览会的成功举办而变成繁花似锦的花园城市，一举成为中国长江以北最大的花卉生产基地。

洛阳牡丹花会标志图案

充分发挥地域经济特色是众多新节会的特点。以上海为例，上海自近代以来就是五口通商之处，是中国经济最发达的地区之一，引领

山东寿光蔬菜博览会

中国经济发展的潮流，外国产品云集于此，再转销中国各地。百余年来，贴着“上海造”标签的产品，在国内一直有着良好的声誉。改革开放以来，上海作为国内外商家云集之地，理所当然地成为众多具有世界规模的商业文化博览会的首选之地。上海节会数量有近百个之多，影响较大的也有三四十个。其中，华东地区商品交易会、上海工业展览会、上海国际服装纺织品贸易博览会、中国（上海）国际茶业博览会、上海国际渔业博览会、（上海）国际宗教用品博览会、上海五金博览会、上海服装博览会、上海艺术博览会、上海教育博览会、上海电子博览会、上海旅游博览会、上海国际电影节、上海汽车文化节等等都纷纷落户上海，极大地丰富了上海的城市文化建设。它们在为上海带来客观经济效益的同时，也使上海拥有了越来越高的国际知名度。

上海还是2010年世界博览会的主办地。拥有百年历史，享有“经济、科技、文化领域内的奥林匹克盛会”美誉的世界博览会是一项由主办国政府组织或委托有关部门举办的有较大影响和悠久历史的国际性博览活动。1851年，率先完成工业化、处于世界领先地位的英国首都伦敦，成功地举办了历史上第一届世界规模的展览会。从1851年至今，世界博览会历经百余年风霜洗礼，展览会的内容也随时代发展而越来越丰富。由最初以美术品和传统工艺品的展示为主，后来逐渐演变为荟萃科学技术与产业技术的展览会，并成为培育产业人才及对一般市民进行启蒙教育的不可多得的场所。每届世博会的展品都代表着科技发展与社会进步的最高水平，引领科技发展的潮流。每届世博会后，都会有众多新的发明成果流行于世。

海宝
上海世博会吉祥物

与其他商业节会不同，世博会的特色不仅仅是展示高超的技术和商品，还能让参观者置身于日常无法体验的、充满节日气氛的美妙空间内。世博会期间还会伴有异彩纷呈的各类表演。并且，世博会展览期结束后，展场不仅会继续保留，还会成为一般市民参观旅游、娱乐消费的理想场所，为创办地创造持久的经济效益。成功举行的 2010 年上海世博会，可以说是在中国举办的第一届综合性世界级博览会，极大地提高了中国以及上海市的国际地位。

世界博览会有综合性博览会和专业性博览会两类。综合性世界博览会是一个庞大的系统工程，往往需要 5 年到 6 年的筹备时间。而专业性博览会因为集中于某一个方面，每年就可举办一届。1999 年昆明世界园艺博览会与 2006 年沈阳世界园艺世博会，是中国成功举办的两届专业性博览会。1999 年昆明世界园艺博览会是中国首次举办的全球性园艺盛会，其主题是“人与自然，迈向二十一世纪”。博览会展示了各国的园艺传统和园艺品种，每天吸引世界各地数以万计的参观者，历时 184 天，于 1999 年 10 月 31 日闭幕。

上海世博会会徽

以“数字新经济　物联新时代”为主题的 2018 世界物联网博览会，于 2018 年 9 月在江苏无锡太湖国际博览中心举行，这是对近些年中国数字经济、物联业发展处在世界领先地位的充分肯定。

近二三十年来，充分挖掘地域文化特色的“商业文化节”创造了许多新的节庆民俗。最先被“发掘”出来的当然是一些当地历史文化名人。

中国作为一个有着五千年悠久历史文明的国度，历史文化名人的队伍蔚为壮观。黄帝、炎帝、孔子、老子、孟子、荀子等著名的古圣先贤，早已在其出生地和主要活动的区域，为其后辈子孙们创造了各种或国际性或全国性的文化节庆契机。此类节庆既提高了地方美誉度，带动了当地商业、旅游业的发展，又为当地提供了一个便利的招商引资平台。

轩辕黄帝与神农炎帝是中华文明的人文始祖，孔子则是影响中国及东亚儒家文化圈最重要的儒家文化创始人。以纪念他们而设立的黄帝文化节、神农文化节、孔子文化节，规格极高、影响极大。官方举办的公祭大典，会吸引来自海外各地的华人代表。这些寻根问祖活动既富有吉祥之义，又为当地的招商引资创造了绝佳的时机。

与地方经济特色相关的商业文化节很多，如大连国际服装节、洛阳牡丹花会、中国青岛啤酒节、景德镇国际陶瓷节、海南国际椰子节等。“中国”的英文是“China”，瓷器的英文则为“china”。因为中国是一个盛产瓷器的国家，所以外国人也把中国称作“瓷国”。因此举办陶瓷节就不仅仅是“瓷都”景德镇的特权了。中国（东鹏）陶瓷文化节、中国（怀仁）陶瓷文化节、天津陶瓷文化节、中国（沈阳）陶瓷文化节、闽龙陶瓷文化节等，都纷纷涌现。与其他节庆相比，这些商业文化节本身就是商业营销，有着非常大的经济收益。

事实上，伴随着经济的持续高速发展及人们思想观念的改变，一些新兴的行业与经济形式不断涌现，并迅速被人们接受，过去为人们所普遍接受的、隆重吉祥的节日气氛和各类节日祝福内涵依然存在，只是在某种程度上改变了祝福的形式而已。拿春节来说，持续几千年的春节民俗是每个家庭都打扫得干干净净，装扮得喜气洋洋，桌子上摆满琳琅满目的糖果点心，家中无论男女老少都穿戴一新，并准备丰盛的食物，既是为了犒赏自己，更是为了迎接在大年初一到初五上门来拜年的亲朋好友。

参考文献

[1] 曲彦斌．中国招幌辞典 [M]. 上海：上海辞书出版社，2001.

[2] 左旭初．中国商标史话 [M]. 天津：百花文艺出版社，2002.

[3] 山东省政协文史资料委员会，济南市政协文史资料委员会．济南老字号 [M]. 济南：济南出版社，1990.

[4] 天津市档案馆等．天津商会档案汇编 [M]. 天津：天津人民出版社，1989.

[5] 钟敬文．中国民俗史 [M]. 北京：人民出版社，2008.

[6] 王锐．市井商情录——中国商业民俗概说 [M]. 石家庄：河北人民出版社，1997.

[7] 马伟云等．古今经商谚语：中外广告隽语集锦 [M]. 石家庄：河北人民出版社，1997.

[8] 王孝通．中国商业史 [M]. 北京：中国文史出版社，2015.

[9] 杨海军．中国古代商业广告史 [M]. 郑州：河南大学出版社，2005.

[10] 王献忠．中国民俗文化与现代文明 [M]. 北京：中国书店，1991.

[11] 尹茂生．商业礼仪 [M]. 石家庄：河北人民出版社，1997.

[12] 邓大情．广州与上海：近代小说中的商业都会 [M]. 上海：上海古籍出版社，2014.

[13] 任骋．中国民间禁忌 [M]. 郑州：河南人民出版社，1991.

[14] 苏士梅．中国近现代商业广告史 [M]. 郑州：河南大学出版社，2006.

[15] 谭元亨等．十三行：习俗与商业禁忌研究 [M]. 广州：华南理工大学出版社，2013.

[16] 王烨 . 中国古代商号 [M]. 北京：中国商业出版社，2015.

[17] 范建华等 . 节庆文化与节庆产业 [M]. 昆明：云南大学出版社，2014.

后　记

从2006年开始执笔编写写作大纲，到如今终于迎来付梓出版，这本《中华吉祥文化丛书·商贸卷》的小册子，数易其稿，陪伴我整整12年了。12年的生肖轮回，父母高堂相继离世，儿子长大成人，我与爱人也从当年的意气风发变成如今的“尘满面，鬓如霜”了。物是人非，沧海变幻，回想过往只让人唏嘘不已。

此书的动议最早是由时任山东省社会科学界联合会专职副主席的刘德龙先生提出的。刘主席到我所任教的潍坊学院讲学，提出要编写一套中华吉祥文化丛书，我一直从事这方面的研究，便颇为愉快地接受了这个任务。

之所以选择以“吉祥商贸”为主题，原因有二：一是源于我儿时的有关过年过节的吉祥节庆文化的记忆；二是潍坊在历史上就是一个拥有浓烈商贸气息的轻工业城市，有很多素材可以挖掘。

20世纪六十年代，我出生在山东安丘一个普通的小乡村，家中兄弟姊妹六人，生活简单快乐。儿时最深刻的记忆莫过于过年。过年时可以穿上母亲亲手做的花上衣，可以吃上平时让我馋涎欲滴的年夜饭。大年初一，离天亮还很早，小小的我就被母亲拽起来，用母亲的话说防止一年都是懒虫。半睡半醒的我坐在炕头上，母亲又不让说话，唯恐说了不吉利的字眼影响家中一年的运气。

此书的面世尽管颇费周折，但终于能出版还是一件让人高兴的事。首先，需要感谢刘主席最初提出这个大胆而新颖的创作构思与设想，以及这么长时间为本书写作出版做出的不懈努力；其次，要感谢山东大学王加华教授为本书的出版所做出大量的、无私的、事无巨细的贡献；最后，还要感谢泰山出版社邢老师等诸位同仁的大力协助。

本书写作的过程中，借用了大量前辈学者、同仁的著作、资料、图片，由于写作时间过久和篇幅所限，不能一一标出，在此一并郑重致歉并诚挚感谢。特别感谢著名学者曲彦斌先生的赠书，他关于招幌等民俗事项的研究使我受益甚多。非常感谢左旭初先生，他的大作《中国商标史话》给了我很多启发。谢谢诸位！

具体到本书的写作风格，我想略提两点：一是作为一个学历史的人，喜欢搞清楚每一件事情的来龙去脉。诸如本书写作中有关商贸的历史与特点、商标写作时对中外商贸发展的考察，以及对书中出现的历史人物的生平，都有简单的考察与分析。我认为如此更加有利于突出吉祥商贸厚重的历史感；二是在本书中涉及一部分与吉祥商贸有关的中西文化比较的内容，我认为如此可以突出吉祥文化的国际视野。

由于本人写作水平有限，本书的谬误、笔误在所难免，恳请诸位读者的谅解！

马继云

2018 年 7 月 22 日